時代をつくる、事業家集団へ

Team Brave

勇気の経営

株式会社 Brave group 代表取締役 CEO
野口圭登

ダイヤモンド社

第1章 大炎上！成長していた事業が存続の危機

Brave groupのブレイブ・ストーリー

第２章

再起を懸けて
―共に戦う仲間の集め方

第3章
野口流 強い組織のつくり方

第４章

僕のビジネスの原点
人との出会いの中で学んだこと

第5章

少年時代に培った反骨精神

6

第6章

「やりたい」「ワクワク」を事業の起点に

Brave groupの未来の展望

第1章

Chapter_01

大炎上！成長していた事業が存続の危機

Brave groupのブレイブ・ストーリー

突然のトラブル大発生

「野口さん、やばいです！　トラブルです！」

電話で一報を受け、僕は当時五反田にあったUnlimitedのオフィスに向かっていた。電話の主は、Unlimitedの共同代表を務めていた上西恒輔だ。トラブルが発生したので緊急会議がしたいということだった。正直、このとき僕はまだ、「メンバー同士でいざこざが起きたかな」程度にしか思っておらず、実際、小さな社内トラブルは、生まれて二年も経たないベンチャー企業ではよくあることだった。

オフィスに向かう途中、Twitter（現X）の通知音が途切れることなく鳴っている。今日はやけに通知が多いなどと思いながら開いてみると、DMの受信トレイに、目を疑うような暴力的な言葉が並んでいた。

「Unlimited潰れろ！」「野口、死ね！」「ゲーム部返せ！！！」

はっ⁉

突然の言葉の暴力に、一体何が起きたのか訳がわからず、僕は呆然とスマホの画面を眺めた。

これが、その後Unlimited改めBrave groupが、再起の道をつかむまでの二年間に及ぶ波乱の幕開けだった。

バーチャルユーチューバー元年に期待を込めて創業

僕と上西恒輔が共同代表を務めていた株式会社Unlimitedは、二〇一七年に創業した株式会社バーチャルユーチューバーを社名変更した会社で、前社名が表しているように、バーチャルYouTuber（以下、VTuber）のプロデュースや運営を行う会社だ。上西が最高経営責任者（CEO）、僕は最高財務責任者（CFO）として共同創業した。

VTuberとは、VR（仮想現実）スタジオ内で3DCGキャラクターに扮し、実況動画を配信する人のこと。二〇一六年にキズナアイがYouTubeに最初の動画を投稿してバーチャルユーチューバーと称したことで定着した（引用：現代用語の基礎知識 2024）。

世界初のVTuber「キズナアイ」が二〇一六年末に投稿した動画は、日本国内に留まらず、韓国や中国などの海外でも人気を博した。その爆発的な人気の広がりを目の当たりにし、VTuberが持つ秘めた可能性に気づいた人々が、次々と業界に参入。二〇一七年は、まさにバーチャルYouTuber元年と呼ばれた。

現在、業界のツートップといえる「にじさんじプロジェクト」（ANYCOLOR株式会社）や、「ホロライブ」（カバー株式会社）も、この時期にVTuber業界での活動を始めている。二〇一七年十月に、僕が上西と共に設立した株式会社バーチャルユーチューバーもまた、VTuber業界のポテンシャルに勝機を見て立ち上げた会社だった。

ただ創業当初は、僕自身が代表として企業を率いていくというよりは、才能のある人に企画や会社の運営なども任せるつもりでいた。僕は、投資家としてその企業をサポートしていく。当時僕は、学生時代に起業した自身の会社の経営、さらに他にもエンジェルとして出資している企業がいくつかあり、Unlimitedは、その投資先の一つという感覚だった。共同代表として名を出すことになったのも、過去に少しだけ炎上した経験のある上西を一人、企業のトップとして出すよりも、僕との共同代表として連名で出るくらいの方がいいだろうという軽い考えのものであった。

創業から一年半の間で、バーチャルユーチューバーという社名をUnlimitedに変え、プロデュースしたコンテンツも大躍進、僕のポートフォリオの中でも特に成長している投資先の一つ、という認識だった。

そのため、トラブル報告の電話を受けたときは、まだどこか、少し他人事のような感覚で聞いていた。

「ゲーム部プロジェクト」炎上事件の始まり

上西の電話を受けてからオフィスに着き、おおよその状況はすぐに理解した。

自社でプロデュースしていたVTuberのタレントたちが、運営からのパワハラがあったとほのめかすような内容を繰り返しTwitterに投稿。それがファンをはじめとした多くの人の目に触れることとなり、タレントたちの擁護と運営に対しての怒りのツイート・リツイートが加速度的に増え、運営側への強烈な攻撃になっていたのだ。

問題が起こってからすぐに報告をもらってはいたが、ＳＮＳ上での広がり方は想像をはるかに超えるスピードだった。文字通り瞬く間に、社名や僕たちの名前のハッシュタグ付きの罵詈雑言が、ＳＮＳ上に溢れかえる。僕は為すすべがなく、増殖し続ける怒りのツイートを眺めていた。僕たちが何を言っても、何の言葉も届かない、まったく信じてもらえない状況だった。

二〇一九年四月五日、これが、VTuber業界を揺るがした「ゲーム部プロジェクト」炎上事件の始まりだった。Twitterでも世界のトレンド入りした話題だったので、覚えている人も多いかもしれない。

「ゲーム部プロジェクト」とは、二〇一八年三月にスタートしたバーチャルユーチューバー社発のVTuberグループ。都内のとある高校のゲーム部に所属する四人組で、ゲームの実況からゲームプレイ、学園内での生活を描くショートコントの動画も人気が高かった。

企画の発案、コンセプト、キャラクターの設定や絵師の選定、ディテールに至るビジュアルのこだわりから脚本まで、すべて上西がプロデュースしていた。

VTuberは、キャラクターのビジュアル、それを動かすエンジニア、その他にもさまざまな人が携わり、一つひとつのキャラクターが出来上がる。だが、ゼロからコンセプトを考えたプロデューサーは、まさに生みの親。初めてVTuberをプロデュースした上西にとって、ゲーム部の四名それぞれが自分の可愛い子どものようなキャラクターだった。

「ゲーム部プロジェクト」は、Unlimitedの筆頭コンテンツであった。むしろ、ゲーム部の企画があったからこそ、Unlimitedという会社が生まれたといっていい。当時は、世に出ていたVTuberのほとんどが、単体でのアイドル的なキャラクターだったのに対し、ゲーム部はVTuber業界において「箱＝グループ」の概念を提案し、配信動画を劇場化した。それぞれのキャラクターの掛け合いが脚本に盛り込まれ、「部員たちのやりとり」が楽しめるコンテンツという新しさもあり、最速で日本一の月間動画再生数を達成。一時はVTuberの草分け的存在で、圧倒的な人気を誇っていたキズナアイの動画再生回数を追い抜くまでに成長していた。

ゲーム部プロジェクトは、会社のほとんど唯一の収益源であり、期待のＩＰ(Intellectual Property)。人気をさらに強固なものにして、さまざまな展開に挑戦していけるだろうと考えていたのが、二〇一九年の初頭だ。その春にはすでに、登録者数は四十五万人を超え、飛ぶ鳥を落とす勢いで躍進していた。

炎上事件が起こったのは、まさにその最中。ゲーム部プロジェクトに関わる全員が、この社運を懸けたプロジェクトを、さらに次のステージへと押し進めようとがむしゃらに突き進んでいた時期だった。

期待のＩＰが一瞬にして崩壊

VTuberの知識はほぼゼロという状態から、キズナアイの動画に触発されて、その二、三日後に「ゲーム部プロジェクト」の原案を出してきた上西の企画書は、その天才的な才能を見せつける魅力溢れた内容だった。この才能に賭けたいと思ったのが、株式会社バーチャルユーチューバーを創業する大きな原動力となった。

しかし、上西率いるチームの現場は破綻していた。作品である動画の完成度を高めるために、周りへの要求は常に高く、納得がいくまでやり直しを命じるため、スタジオやオフィスでは徹夜で作業をしていたメンバーたちがいたるところで雑魚寝していて、上西自身もそこで生活をしている。荒れた学生寮のような様相だった。

「これはまずい……」

一刻も早く、場を正すことができる大人の役割をしてくれるメンバーを採用しなければ……。僕は適任者を探し始めた。その矢先のことだった。

ゲーム部プロジェクトの炎上については、二〇一九年四月に、公式ホームページに発表した声明の通りである。過度な業務負担、そしてタレントたちを軽視するような言動によって傷つけてしまったことは、到底許されることではなく、心の底から反省している。

上西の天才さゆえの特殊な性格によって、いずれ人間関係でのいざこざは起こり得ると予想しながらも、すぐに対処することができなかった僕に大きな責任がある。もう少し早く介入することができていれば、タレントたちに苦痛を与えることも、決別することもなく、今でもゲーム部プロジェクトを大切に育て続けることができていたのではないかと思うと、当時の自分の不甲斐なさが悔やまれる。

タレントたちとの解決に向けた話し合いは、容易ではなかった。当然、それまでかなりの頻度で配信されていた動画配信も滞った。撮り溜めてあるストックがなくなれば、配信ができなくなる。事業を停止せざるを得ない状況だった。

僕自身は、それまでタレントたちとは面識があるという程度で、普段のコミュニケーションは上西たちゲーム部プロジェクトの運営メンバーに任せていた。上西の天性の才能に惚れたからこそ、一切を任せていたこともあるし、自分自身にクリエイティブの能力がないこともわかっていたからだ。余計な口出しはするまい。これは、今でも変わらない仕事のスタイルであるし、これからも変えるつもりはない。一つのプロジェクト、一つの現場は、その現場の人たちに責任と共に任せるようにしている。任された人たちが「自分ごと」として仕事に取り組むことで、思い入れが強くなるし、その方が仕事の楽しさを味わうことができると思うからだ。現場で対応しきれない問題が、僕の元に上がってくる。いわば、会長のようなポジションである。

炎上が始まった最初の報告も、普段と同じように、少し俯瞰したところから眺めて、問題を解決する心構えでいた。まさか、自分がその炎上の渦中に担ぎ出されるとは、夢にも思っていなかった。

大至急！　炎上の火消しを！

緊急事態下では、立場も何も関係ない。まずは、何よりも先に、この大炎上している状況の火消しをしなければならない。騒動を起こしたことに対する謝罪と、まずは状況把握に努めるという内容の声明を発表することにした。これからどう動くべきか、自分たちも事実を確認しなくてはならない。

どのように対処すべきかと僕が考えを巡らせている傍らで、上西が、ＳＮＳ上で攻撃的なツイートをしてくる人たちに応戦している。

暴走する上西をなんとか抑えながら、とにかく何か対策を打たなくてはいけない。しかし、僕自身も初めての経験で、この状況を収束させるための正解を見出せずにいた。声明を発表しなければならないと思いながらも、掲載する言葉一つ間違えば、さらなる炎上につながってしまう怖さを感じる。

どう振る舞うのが正解か、どのような声明文なら多くの人が納得してくれるのか、正しい道が見えず、思考がぐるぐると空回りするばかりだった。

経験者からの救いの手

炎上事件が起こった翌朝の四月六日。株主の一社であった株式会社Wright Flyer Live Entertainment（現REALITY株式会社）の代表取締役社長であった荒木英士さんから、上西と僕宛に突然メッセージが届いた。Wright Flyer Live Entertainmentは、グリーが百パーセント出資している子会社で、荒木さんはグリー株式会社（現グリーホールディングス株式会社）の取締役上級執行役員でもある。

「だいぶ、まずそうな話が広がってしまっていますが、大丈夫ですか？　うちがヘルプできることがあれば、仰ってください」

炎上が始まった頃からTwitter上での動向を注視し、荒木さんの方から連絡をくださったのだ。

このときほど、経験のある先輩に教えを乞うことの大切さを感じたことはない。荒木さんなしでは、炎上に対して対処しきれなかったと今でも思う。まさに救世主。

本来ならば、大株主の社長からキツいお咎めがあってもおかしくはない状況だが、荒木さんからは怒鳴られることも、そして炎上に対しての否定的な言葉も一切なかった。

「詳細はわかっていませんが、これからどう改善していけるのかが問われていると思いますので、ぜひ頑張りましょう」

僕はこの言葉で、少し冷静になることができた。


その当時、荒木さんからアドバイスをもらうまでは、社内の中枢を担っていたメンバーたちの中にも、「これはやばい。終わった……」と沈痛な面持ちでいる者が多くいた。一方では、今回の炎上で、せっかく育ててきた別プロジェクトにも火の粉が飛びそうだと、上西を怒鳴っているメンバーの声も聞こえてくる。現場はカオスだった。

皆の頭の中には、炎上した末にYouTubeチャンネルの登録者数も再生回数も激減し、会社が立ち行かなくなる未来が容易に想像できていたのだと思う。目の前で炎上が起こっている状況と、先行きの見えない不安で、社内はピリピリとした空気が漂っていた。

僕たちは、荒木さんからメッセージをもらってすぐに、状況の詳細な報告をしに伺った。状況を把握し、「緊急事態だ」と判断した荒木さんの対応は、非常にタフで冷静だった。「早急に対応しなくてはいけないので、速やかにサポートします。公式として発表する方針が決まったら、すぐに教えてください」という荒木さんの言葉に頼るかたちで、僕は数名の中枢メンバーと共に、声明文を作成、推敲した。

荒木さんの冷静さの背景には、グリーがこれまで困難に直面し、乗り越えてきたからこそできることもあったのだと思うが、その経験に基づく上で出される指示は、本当に心の支えになった。

冷静で的確なアドバイスによって、落ち着きを取り戻すことができた僕たちは、連日、朝から晩まで緊急対策会議を行った。

当時、僕たちが五反田に構えていたオフィスは、一軒家を借り上げてオフィス代わりに使っていて、リビングをメンバーの業務スペース、他の小部屋を会議室のように使用していた。

社内が必要以上に混乱に陥らないようにという配慮もあり、「炎上対策委員会」と名づけた経営中枢以外のメンバーには、いつも通りの業務に従事するように指示を出していた。

しかし、実際にオフィスで緊急対策会議を開こうにも、子ども部屋のような隙間の開いた小部屋では、部屋の中の会話は筒抜け。重要な案件を話しにくいということで、僕の自宅に集まって会議を続けるようなこともあった。

現場メンバーが撮り溜めていた動画の配信を続けている間に、なんとかタレントとの関係を修復させることができれば、また以前と同じように続けられるはずだ。まだ、そんな淡い期待を抱いていた。

実際に起こっていたことは……

炎上事件が起こった当初、タレントたちに対して僕は、「なんてことしてくれたんだ!」と思っていた。社内での、あることないことをSNSに投稿してしまう。これは契約違反じゃないか、と。

しかし、実際の状況を詳しく確認すると、確かにパワハラとも受け取れるコミュニケーションや、プロ意識という名目で縛りつけた、度を過ぎた業務負担という実態が浮かび上がってきた。

ただ、運営側にもタレントたちに対する不満が溜まっていた。

あの炎上事件の発端は、お互いがお互いの言い分がある中で、そのことをコミュニケーションによって解決することができなかった結果だった。

未経験の大炎上を食い止められるか

炎上から三日が経過した八日の午前十一時。僕たちは第一弾の声明文を公式ホームページ上に掲載した。代表者名は僕の名前だ。炎上の渦中にいる上西の名前で声明を出したところで信じてもらえるわけもなく、そして間違いなく、火に油を注いでしまうだろうという判断だった。

2019.04.08 NEWS

ゲーム部プロジェクトに関するご報告

この度、Twitter等のネット上において、ゲーム部プロジェクトの声優スタッフの当社運営サイドへの一連の情報発信があり、ゲーム部プロジェクトを応援頂いている方々に大変ご心配、ご迷惑をお掛けしていることを深くお詫び申し上げるとともに、現状をご報告いたします。

現在、声優スタッフとの話し合いと実態把握を通じ会社としての責任と改善点を明らかにし、待遇や業務環境の改善も含めた検討協議を進めているところでございます。

声優スタッフとの話し合いの結果については進捗があり次第皆様に改めてご報告致しますので、今しばらくお時間を頂けますと幸いです。

Unlimitedが出した第一弾の声明文

Unlimited

Unlimitedの社名ロゴ

そのときに出せる内容を、誠実に掲載した。まずは騒動となるような状況を引き起こしたことへの謝罪と共に、問題となっている点について社内で徹底的に調査すること、そして会社としてこの出来事に真摯に向き合う覚悟であることを発表した。できる限りの誠意を見せることで、炎上が少しでも収まってくれたらと考えたが、甘かった。

SNS上では、「タレントを信じろ！　運営側の謝罪は信じるな！」といった、タレントを擁護する声ばかりが挙がっている。

謝罪と和解

第一弾の公式声明を発表した三日後の四月十一日には、タレントたちとの話し合いの末に、運営会社として不適切な対応の数々が発覚した事実と謝罪、そしてタレントたちと和解した旨の発表を行った。

実際にいじめと受け取れるような問題が起こっていたことは、許されるべきではない。

僕たちは、早急に対応策を打ち出し、二度とタレントやその他メンバーに対しても、問題が起こらないように対策本部を設置し、社内体制の改善を急いだ。

タレントと運営会社の間で問題が収まったことが周知されれば、元のようにファンも戻ってきてくれるのではないか。どうか、戻ってきてほしい。そして、せっかくここまで育て上げたゲーム部プロジェクトを潰してしまいたくない。祈るような気持ちだった。

どんな仲間と旅ができるか

四月に起こったゲーム部プロジェクトの炎上は、会社の公式ホームページに和解した旨の声明を出したことにより、ピークは過ぎ去ったような状況だった。依然として、Unlimitedに対して敵対心や不信感をあらわにしたツイートも見受けられたが、炎上時に比べたら、比較にならないほど落ち着いてきた。

僕は、仕事とは、ときに勇者たちの冒険の旅のようだと思うことがある。仲間と共に目的地を目指して進んでいく。旅の途中で新たな仲間と出会うことも、袂を分かつこともある。そしてその旅で一番重要なことは、どんな仲間と旅をすることができるか、だ。

トラブルを機に、僕は荒木さんという心から慕い、頼れる仲間がいることに気がつくことができた。荒木さんがいなければ、最初の炎上トラブルを乗り越えることは不可能だっただろう。主要株主だからという範疇を超えて、当事者として問題の解決に動いてくれたばかりでなく、緊急対応を担うメンバーの一員となって動いてくれた。状況を見極め、最善の道を探し、実行に移す。僕たちを勇気づけ、導いてくださったところに、荒木さんの度量の深さを感じずにはいられなかった。

そんな、得難い仲間の存在に気づくことができた一方で、これまで共に歩んだ大事な仲間との決別を覚悟しなければならない出来事が待っていた。

三ヶ月後の再炎上　VTuberは誰のもの？

四月の炎上から三ヶ月後の七月。ゲーム部プロジェクトは、またもや大炎上に見舞われた。

一度目の炎上後、運営の制作体制を抜本的に見直し、改革を行った。そのために必要だったのが、タレントの労働管理など総務人事を担当する人材。現場の荒れている状況を見て、場を正す大人の役割をする人を探し続けていた。そこで、二〇一九年、炎上のほんの一ヶ月前に入社したのが、現在Brave groupのグループ会社、バーチャルアーティストプロダクション「RIOT MUSIC」取締役の武田洸樹である。業務内容や労働時間の管理、タレントのマネジメント、さらには新たなキャラクターのタレントのリクルーティングなどを担ってもらった。

これで、上西には脚本づくりや収録などのクリエイティブ業務のみに専念してもらうことができる。クリエイターとしての上西の代わりになる人など到底見つけることはできない。また、炎上によって人気が落ちたとはいえ、一度は日本一となったコンテンツをつくり上げたその才能を、簡単に見放すことはできなかった。

上西を管理業務から切り離し、社内の体制を整えることで労働環境の改善を目指した。

六月、「結局、何も変わらなかった」というタレントのツイートによって、ファンたちは再びざわついた。「運営からのいじめは続いていたのか⁉　待遇は改善されなかったのか⁉」

Unlimitedが提案した改善計画に、最初は理解を示して納得したタレントたちだったが、一度壊れてしまった関係や信頼を修復し、再び築き上げるのは非常に難しい。なんとか関係を再構築できないかと試行錯誤していた中であったが、大きな溝は埋まることなく、亀裂は徐々に広がっていた。

「CharacterYouTuber」という考え

この時期に上西から提案されたのが、VTuberをテレビアニメのキャラクターと同様に考えて運営していくCharacter YouTuber（CTuber）というものだった。あらかじめつくられたキャラクターがあり、タレントは個性を出すのではなく、そのキャラクターを演じるという考え方だ。

四月の炎上からこれまで、ゲーム部復活のために上西が行ってきた施策は、どれも芳しい結果を出すことができなかった。タレントとの関係も、良好といえないどころか険悪な状態が続いている。

僕は悩みながらも、最後にもう一度だけ、上西に賭けてみようと思った。

テレビアニメの世界では、半世紀以上にわたって活躍しているキャラクターがいる。僕たちはゲーム部を、CTuberと定義した。「キャラクター」が主役のYouTuber。そこで、キャラクターを演じられるタレントのオーディションを行い、リクルートした。

僕らの考えとは裏腹に、VTuberのタレントの交代は、まったく受け入れられなかった。むしろ、拒絶反応という言葉に近いものだった。さらに、発表も何も行わないままタレントを交代したことも、ファンの感情を逆撫でした。

六月下旬のゲーム部の動画配信で、タレントを替えた動画を出したのが再炎上の皮切りだった。四月から燻り続けていた怒りが爆発したかのような大大炎上。ゲーム部プロジェクトのYouTubeチャンネルのコメント欄は大荒れだ。

「あれ？　タレントさん代わった？」「勝手にタレント変えるとか、ファンが気づかないとでも？　なめるなよ！」「あんなことがあったUnlimitedが、タレントを交代させてゲーム部存続って、マジでありえない」そんな声で溢れていた。

中身が代わってしまったら、それはもう自分が推していたVTuberではない。「何てことしてくれたんだ！」運営に対する怒りが爆発する。しかし、もう後に戻ることはできない。その後、予定していた通りに他のタレントたちも交代した。七月には、「道明寺晴翔」が二代目タレントでの動画を配信。九月には、「夢咲楓」と「風見涼」の交代も終えた。

運営に対する怒りが溢れ、二代目タレントたちまでもが、攻撃の的となってしまった。「お前じゃないんだよ！」という心無い中傷に、胸が痛んだ。

いくら運営側が、「ゲーム部プロジェクトはＩＰで、CTuberとして運営しているのだ」などと説明したところで受け入れられない。ファンの方々と先行していた運営会社がつくり上げた文化と定義があり、それ以外は受け入れられない状況だった。

僕たちは、いくら運営や企画者側がキャラクターをつくっていようと、一度世に送り出したキャラクターには、まさに文字通り「魂」が宿り、その人そのもの、またファンのものになっていくということを認識しなくてはいけなかった。

コミックマーケットでの苦い思い出

この苦しい時期、忘れられない光景がある。二〇一九年の夏の「コミックマーケット96」に出展したときのことだ。

コミックマーケットとは、通称コミケと呼ばれる、毎年夏と冬の二回、東京ビッグサイトで開催される日本最大の同人誌即売会で、漫画・アニメのファンたちが集う祭典である。コロナ直前の二〇一九年は、夏・冬共に、来場者は七十万人を超えるほどの大イベント。

リアルな人々が集う場所に行けば、きっとまだファンでいてくれる人たちに会うことができる。ネット上の意見は、過激な一部の人たちの意見が実際以上に目立って見えてしまうからだろう、と期待を込めて出展した。

だが、僕たちの淡い期待は、見事に打ち砕かれた。同業他社のブースには長蛇の列ができ、入場までに数時間を要するほどの大盛況ぶり。

かたや、僕たちのブースには目立つほどの列などなく、いつでも立ち寄れるような状況。

見事と言えるほど対照的だった。

さすが日本最大の祭典。期間中は来場者たちのコミケ関連のツイートが膨大に流れてきた。目についたのは、僕たちUnlimited運営に対する誹謗中傷と、僕たちと比較した他社への賞賛。


「ゲーム部の運営、終わったな」

「おつ!」

「ゲーム部の運営は信用できないけど、他は信用できる!」

「Unlimitedは死んだ方がいい」

「野口、上西はA級戦犯である」


僕たちに対する憎悪の反動が、同業他社への賞賛へとつながった。他社のブース前の長蛇の列を見ながら、『もし炎上していなければ……』と思わずにはいられなかった。もし炎上していなければ、僕たちのブースにはゲーム部プロジェクトのファンたちで長蛇の列ができていたのではないか。

やるせなさと悔しさでいっぱいだった。

そして、コミケでの様子は、メンバーたちに大きな不安と動揺を与えるに十分なものだった。

炎上後すでに始まっていたメンバーの離脱は加速し、同業に転職していった。数ヶ月の間に、百名ほどいたメンバーは、二十名ほどにまで減っていた。

二度目の勝負、敗北に終わる

人には真似できない才能溢れる上西恒輔が、この炎上で終わってしまうのはもったいない。その才能に惚れて、この男に賭けると共同代表として起業したのは自分だった。

一度目の炎上後、僕がUnlimitedにフルコミットしていけば、また日本一を目指すチャンスはあるのではないかと思っていた。自分が信じた才能に、もう一度だけチャンスを与えたい。

そう思い、タレントを交代しての二度目の勝負は、敗北で終わった。

このとき、ゲーム部の再生回数は大幅に鈍り、収益は九十五％減。再起を目指して事業を続けていたが、当然ながら日々の経費は発生していた。メンバーの人件費、オフィスやスタジオの家賃、機材費、システム料、編集費。月に支払わなければならない経費はおおよそ八千万円ほど。毎月大幅な赤字を出しながら、それでも再起に懸けて進んできたが、もう限界だった。

唯一の収益事業が大炎上しているベンチャー企業に、お金を貸してくれる銀行もベンチャーキャピタルも見つからない。

背に腹は代えられず、僕はなんとかその場をしのぐために、僕個人の貯金から貸付をして、会社を延命させていた。実のところ、家族が生活できるギリギリのところまで個人の貯金から貸付を行っていたことは、今だから話せる。

決意

このままだと会社が潰れる！

タレント交代後の炎上と再生回数の低下は、そうはっきりと僕を諭してくれた。

もう無理だ。その年の暮れ、僕は一人で来年の事業について考えていた。四月の炎上から半年以上が経ち、その間は、タレントとの話し合いや待遇改善のための社内改革、Twitterや動画を出すたびに、批判的なコメントが必ず出てくる、さらには資金が常に焦げ付く寸前という、毎日が緊急事態勃発の連続だった。

脳内は、アドレナリンが高濃度で出続けている。会社としても、自分としても、今の状況を続けていくことができないことはわかっていた。むしろ、自分の個人貯蓄が底を突いてしまったら、その時点で強制終了だ。まさに綱わたりの日々。

でも、まだチャンスはある。

どこから見ても窮地に立たされている状況だったが、ここで事業をやめるという選択肢は思い浮かばなかった。事業を始める際に投資してくれた株主たちの信頼を裏切りたくないという思いと、残ってくれたメンバーたちに報いたいという強い思いが込み上げた。

そのとき、僕の覚悟は固まった。

僕がやるしかない。

僕自身が代表として、この会社を引っ張っていく。
思い立った勢いそのままに、僕は上西に電話をかけた。

引導渡し

上西と電話で話したのは二十分ほど。どこかに向かうタクシーの中だったと思う。その頃僕は、資金調達のため、ほんの僅かな金額でも出資の可能性がありそうな個人投資家がいれば、いつでもどこにでも飛んでいくような生活だった。

電話をかけた翌日、僕たちは五反田のオフィス近くのカフェでお茶をしながら話し合った。

「今後はもう、僕がやるか、潰れてしまうか、この二択しかない。そうじゃないと、この会社はもう難しいと思う」

心の底の本音で話し合った。上西は相当悔しがってはいたが、自信喪失している姿は、牙の抜けた猛獣のようでもあった。大まかな話し合いは、数日でカタがついた。僕の本気が伝わったのと、実際にもう他には選択肢がない状況だったからだ。

事業をスタートさせた当初、まさか僕自身が、VTuber業の舵取りをすることとなるなど、つゆほども考えていなかった。あくまで、エンジェルとして行っている投資先の一つという感覚だった。

炎上事件で今までつくり上げてきた価値が一瞬にして失われたVTuberプロジェクトの毎月の膨大な赤字、そして何より、地に落ちてしまった会社の評判。はたして、この会社をどのように再び盛り上げることができるのか。

尋常ではない不安とプレッシャーが込み上げてくる。と同時に、この難関を乗り越えることができれば、僕にとって大きな成長につながるとも思えた。僕はここで潰れるほどヤワじゃないし、この会社を絶対に潰さない。ここまで信じて期待をしてくれた人たちに報いたい。僕は、決意を新たにした。

僕がやるしかない！　本当の冒険譚がここから始まる

Unlimitedの事業に全力でコミットするために、クリアにしておかなくてはならない大きなことがあった。僕が立ち上げ、ベネッセのグループ会社の社長として経営していたペット関連事業を運営する株式会社Vapesをどうするかについてだ。

株式会社Vapesは、僕が大学在学中の二〇一一年の初夏に、友人たちと立ち上げた。当時はまだニッチであったペット市場を狙ったことが功を奏し、運営していた「ペットフィルム」と「ペット生活」という二つのポータルサイトの売上は、それなりに順調に伸びていた。同級生でペットを飼っている家庭にヒアリングをしたり、どこかにコラボレーションできそうなネタがないかと常にアンテナを張り巡らせたり、試行錯誤をしながらも、少しずつ大きくしていくことができた。

創業から五年目、二〇一六年の秋に、ベネッセに発行株式を売却し、ベネッセのグループ会社として仲間入りをした。

引き続き僕が事業を経営していくことが決まり、ベネッセという大きな母体の傘下で、事業を大きくしていくことができると日々奮闘していた。

Vapesのウェブサイト（当時）

ベネッセグループからの卒業

しかし、ゲーム部プロジェクトの炎上で状況は急変した。

僕が、Unlimitedの社長になることを決意したのは、二〇一九年の冬。Vapesの社長を続けながら、同時に、Unlimitedの立て直しをすることは絶対に不可能だ。僕が、Unlimitedにフルコミットしなければいけないことは、僕自身がよくわかっている。

ベネッセの中で、Vapesの担当をしてくださっていた執行役員であった方に、投資先の一つとして考えていたUnlimitedのこと、炎上騒動のこと、そして、会社を立て直すためにも僕自身が全力でコミットしていきたいという考えを話した。しかし、ベネッセに損をさせたくはない。僕は、最良の方法はないかと考えた。最終的には、不義理のない提案を考え、ベネッセ側もその提案を受け入れてくれたため、お互い納得の上で、ベネッセグループを卒業させてもらうこととなった。

さあ、これで僕の新たな冒険の旅を阻むものは何もない。心置きなく邁進することができる。
武器は、今のところ何もない。ただ、信じてついてきてくれる仲間だけが残っていた。

綱わたりの資金繰り

二〇一九年は、ゲーム部の人気をなんとか取り戻すために、今まで撮り溜めていた動画を出し続け、事業を止めることがないように走り続けた。その一方で、以前から仕込んでいた別のVTuberプロジェクトにも力を注いだ。それぞれの反応は、勢いのあったゲーム部に比べると見劣りする部分はあるが、悪くはない。それぞれのキャラクターが、それぞれ育って、収益を上げてくれたら……。ゲーム部以外の、強力なプロジェクトが早急に必要だったが、生み出すためには必要な経費をかけなくてはならないし、オフィスやスタジオも賃貸だ。しかし、売上は思うようには上がらなかった。ゲーム部を壊したブラックな会社というレッテルの影響は大きかった。Unlimitedから出したVTuberというだけで、動画を見ないという人たちもいた。

炎上から一年ほどの時間をかけて、百名が八十名に減り、五十名に減り、最終的には十五名ほどの少人数の会社となった。オフィスも一つ閉じ、二つ目も閉じ、可能な限り経費を削減した。

炎上当月の赤字は約八千万円。そこから少しずつ節減していたが、それでも月に数千万単位の赤字を出し続けていた。それらの赤字を賄うための資金は持ち合わせていない。とにかく、常にお金が底を突く恐怖と隣り合わせの状況。

翌月の支払い請求額を確認しては、常にヒヤヒヤしていた。

銀行は貸してくれるわけがないし、何よりスピード的に間に合わない。来月支払いのお金をどうにかしなくては……。日々、追い詰められていた。

自分の個人資産から捻出する以外に道がない。最初の月は五千万円、さらにその翌月にも五千万円……。炎上から一年。自分の持ち金はほぼ全部、吐き出せるだけ吐き出したような状況だった。本当に気が気ではなかった。投下したお金が、一円も戻ってこない可能性もある。そんな状況を家族に言うこともできなかった。家の中では特に澄まして過ごしていた。家族も顧みず、とにかく目の前の会社をどうやって再建するかということで、日々頭はいっぱいだった。

会社の一命を取り留めるために奔走の日々

二〇二〇年一月。年が明けても、ゲーム部の復活の兆しは見えなかった。

収入が途絶えている今、事業を続けるためには、大急ぎで資金を調達するより他に道はない。僕は、資金調達に奔走する日々だった。

最近はよく、「野口さんは資金調達力があるから、その頃も、きっとうまく調達してたんですね」「資金調達が全然できなくて、秘訣を教えてほしい」なんて言われることがある。

SNS上ではパワハラだと叩かれ、収入はないのに経費だけで毎月大赤字を出している会社が、そう簡単に資金調達できるわけがない。資金調達はそんなに生易しいものではなかった。

ベンチャーキャピタルは、〝有望な〟ベンチャーに投資する。そんなところからの出資は一円も見込めない。「企業の経営状態や財務状況を見てから判断します」と言う個人投資家からお金を調達できる見込みはゼロ。財務諸表は、真っ赤だった。

炎上からの一年間は、少ない可能性をこじ開けながら、毎月なんとか資金調達して食い繋いだ。炎上してから復活期までのシリーズA、新体制になり、リスタート期までのシリーズBの時期は、毎日資金調達のことが頭の九割を占めていた。

可能性があるのは個人投資家で、僕の熱意と人柄を信じてくれて、VTuber業界が秘めた可能性に期待感を持つ、自身のみで判断ができる人。僕は常に、投資してくれそうな人がいないかを周りに聞いてまわり、可能性がありそうな人がいたら、ツテを辿ってなんとしてでも会いに行き、出資を決めてくれた後は、そのお金がいつ着金するのかを気にする毎日。いつも、資金をどうするかという話ばかりしていた。

資金はいつでも、今にも焦げ付きそうな状況だった。サークルや学生時代からの繋がりの先輩などに、一時的にお金を貸してもらえないかと、頭を下げたことも何度もある。二、三百万円でも出してくれそうな投資家がいると聞けば、どんなに遠くてもすぐに飛んで行った。とにかく、芋づる式にいろんな個人投資家たちと会った。一対一で会うことも、複数いる場に顔を出すこともあったが、年に三百人以上には会っていたと思う。人に会うたびにVTuber業界の未来を語り、可能性があることを丁寧に伝え続けた。

しかし、最後は結局、僕自身を信頼してもらえるかどうかだ。携えたプレゼン資料を見せるのではなく、僕自身を信じてもらうために必死だった。お酒を酌み交わし、本音で話し合い、仲良くなった。

「野口さんが事業をやるなら、出す」そう言って出資を決断してくださった方が多く、「まだ事業が続けられる」という安堵と同時に、僕の勇気を奮い立たせてくれた。

お金集めは、「とにかくあきらめない」方式

資金調達は「とにかくあきらめない」で、業種も何も問わず、とにかく毎日いろんな人に会いに行った。証券会社に勤めている同級生に「ベンチャー投資に興味がありそうな富裕層を全員紹介してくれ！」と頼み込んだり、出資を決めてくれた人に、他に可能性がありそうな個人投資家はいないかと紹介をお願いしたり。どんなに図々しいと思われようとも、とにかくお金を集めるため、わずかな可能性にも強引に縋りついた。毎回、恥を晒しながら、丸裸での体当たり営業だ。

現在も、Brave groupの株主に個人投資家が多いのは、この辛い時期に出資をしてく

ださった個人の方が多いからだ。

本当に多くの方に助けてもらった。

シリーズAの時期は特に、未来を語ろうにも、根拠として示せるモノがなかった。持参しているプレゼンシートに記載された数字も、実態が有って無いようなものである。僕たちの願望と決意だけが記載されていた。

この時期に出資を決断してくださった方々は、僕たちの熱意に共感し、そして僕たちを信じてくださった、本当にその心意気だけで決断してくださったサポーターのような人々だ。本当にさまざまな方がいる。

北は北海道から、南は九州まで、どんなところにもすぐに飛んでいった。最先端のビジネスに興味を持っている地方住まいの投資家がいると聞いて、静岡や香川の経営者の方に会いに行ったりもした。

サークルの先輩が、ウエディングやカラオケを手掛ける企業に出資してもらったと聞けば、「VTuber事業とカラオケは親和性が高いので！」などと、多少こじつけのような理由で紹介してもらったりもした。「君は、良い目をしている！」と、事業の将来性やビジョンとは違うところで評価していただき、決断してくれたところもある。

プレゼン、会食、プレゼン、会食をエンドレスに

自分が使えるものは何でも使った。僕の実家は赤羽にある老舗の鮨屋で、週に一、二回は実家の鮨屋が会食の会場となった。会社のピンチだからと、大将である父親に頼み込み、通常の半額ほどの金額にしてもらったりもした。まさに家族総動員。

日中にプレゼンをして、夜は実家で会食。また翌日も朝からプレゼンで、夜は深夜まで別の場所で接待の会食。朝帰りも多かった。そんな生活をずっと繰り返していた。

食事の場は、人の心をほぐしてくれる。お酒が入れば、もっと親密になりやすい。時間をかけて、本音で話すことで覚悟が伝わることもある。すると、相手の方から出資金額の提案をしてくれたり、「僕の知り合いで興味がありそうな人を紹介するよ」と言ってもらえることもあった。

多くの個人投資家の方々に助けられて、なんとか生き延びることができている状態だった。

片山晃さんとの出会い

資金調達行脚をしていた中で、非常にインパクトの大きかった最初の投資は個人投資家の片山晃さんだ。いずれの投資家の出資がなくても倒産という危機的な状況にいたが、その中でも片山さんの出資は、窮地を救ってくれた。

片山さんとの出会いは、出資してくださった方の紹介の、さらに紹介を通してだ。二千万の投資を決めてくださった、某医療法人の経営者から、「野村證券の富裕層担当の方を紹介しますよ」と紹介していただいた。その担当の方から紹介してもらったのが、片山さんだった。

最初に会ったのは、二〇一九年の暮れに近い頃。片山さんのオフィスの会議室だった。ゲーム部の炎上初期から現在に至るまで、詳しくウォッチしているということは担当の方から伺っていた。

「当時、絶頂だったのにめちゃくちゃ暴落して、どうなっているのかな。どういう経営者がやっているのかなと前からすごく興味があったんです」と話していたということで、僕はすぐにアポイントをとって、会いに行った。

初めて会った片山さんは、クールで、合理的な判断をする印象の人であった。雑談も特になく、いきなり本題を促された。僕たちが犯してしまった失敗、どういう点を反省し、問題を解決するために今後はどう改善していくのか、そしてVTuber業界の可能性と、僕たちの今後のビジョン。

僕は、真実を洗いざらい話し、自分たちの反省、そして今後の展望を本心から語った。片山さんは、会議室の椅子にゆったりと座り、僕の話をただじっと聞いていた。冷静な反応で、ポーカーフェイスのその表情からは、僕のプレゼンに対する感触はまったく読み取れない。一通り説明し終えた後に一言、「よくわかりました。今度ご飯、行きませんか?」

プレゼンに対しての質問もほとんどなく、あまりにもクールな様子に僕は、「次回は、会食の場でもう一度プレゼンかな」くらいに思っていた。

驚いたのは、次にお会いした会食の席でのことだ。

プレゼンの二日後の食事会。場所は、赤坂のとある割烹料理屋。個室に通され、まもなく片山さんが部屋に入ってきた。

挨拶をした流れで、僕は時間をつくってくれたお礼を伝えた。二日前に会議室で話をしたときよりも、幾分優しい雰囲気を感じる。

「僕もこの二日間考えたんですけど……」クールな片山さんが口を開いた。会食開始から五分も経っていない。

「野口さんの人柄もわかったし、Unlimitedという会社が、ここからどうなっていくのかがすごい楽しみだなと思っていて。そうだな、数億入れましょうか？」

衝撃で、思わず立ち上がった。

「マジですか？」

プレゼンからたった二日。今まで集めたこともない大きな金額だ。

片山さんの中で何が決め手となったのかは、今もはっきりとはわからない。片山さん自身で、炎上事件について細部まで事前にリサーチしていることは話をしていてわかった。チャンネル登録者数の動き、炎上の様子、二代目のタレント交代後のファンの反応。

片山さん自身が細部まで調べ尽くして臨んだ最初のミーティングで、僕が真実を洗いざらい話した。もしかしたら、片山さんの中での答え合わせが繋がり、信頼を得ることができたのだろうか。

その後、片山さんから送られてきたメッセージの中に、片山さんの熱い想いを見ることができた。

「過去にいろいろあったけど、それにきちんと向き合って会社をつくり変えたこのチームだからこそ、できることがあるのではないかと、そこに期待しています」

僕の目頭が熱くなった。

最終的に、一億五千万円を出資してもらえることが決まった。片山さんの出資がなければ、本当に死んでいた。僕は、期待に応えなければならなかった。

憧れの兄貴からの信頼

二〇一九年の末。僕は、「兄貴」と慕っている方に連絡を入れた。ベネッセの創業家であり、福武財団の理事長も務めている福武英明さんだ。

福武さんとは、Vapesがベネッセグループに加わることが決まった後に、先輩の紹介で知り合った。

Vapesがグループ会社となったことには直接、関係はなかったが、知り合って以降はたびたび報告と称して食事をしたり、プライベートで仲良くさせてもらっている憧れの兄貴のような存在だ。

ベネッセとVapesの件についてポジティブな卒業の方向性が見えてきたら、直接会って報告をしようと決めていた。普段はニュージーランドを拠点に活動している福武さんに、東京に来るタイミングで時間をもらった。

僕は福武さんに呼ばれて、新宿にあるベネッセの役員室に向かった。

部屋の中には、僕と福武さんの二人だけ。改めて、ベネッセグループからの卒業のことを説明した。

そして、そこで初めてUnlimitedの話と、僕の覚悟を話した。

福武さんは、少しだけ眉を顰めながら、

「うーん。VTuberの業界は、俺は全然わからない領域だな。でも、野口くんが本気でやるんでしょう? だったら、俺は応援せざるを得ないじゃん」

Vapesの仕事の相談をしたときも、「俺に聞かれてもわからないから。野口に任せるよ」と福武さんらしい言い回しで、僕を信頼して任せてくれていた。

口に出すことはないが、いつも静かに見守り、応援してくれる優しい兄貴。

「お前が本気でやるんだったら、僕個人で応援するよ」と、出資を決めてくれた。

財務状況は大赤字である上に、VTuber業界にそれほど関心もない福武さんが出資してくれる理由は、僕への「信頼」のみだ。

だからこそ余計に、福武さんが出資を決めてくれたことに、背筋が伸びる思いだった。

昭和の営業スタイル

大口の投資を決めてくださった方がいる状況ではあったが、資金は日々足りない状態。僕はいつも資金調達をしていた。

Brave groupの株主の特徴は、なんといっても、オーナー企業や個人投資家の多さだ。一〇〇%オーナー企業やファミリーオフィスばかり。片山さんや福武さんをはじめ、多くの投資家たちに支えられて苦境を乗り越えることができたことの証拠である。本当は、投資家全員とのエピソードを紹介したいところだが、ここに書き切ることができないので別の機会にしたいと思う。

個人投資家たちに体当たりで営業に行くと、「野口さんはいまどき珍しい、昭和スタイルの営業だな」と言われることがよくある。食事の場でお酒を飲んで、とにかく腹を割ってとことん話す。朝まで飲みに付き合ったり、盛り上げ役を買って出ることもある。

僕が、この「昭和の営業スタイル」になったのには大きな理由がある。シリーズAのこの時期、プレゼンシートの内容では、勝負ができなかったからだ。もちろん事業計画書は携えていくが、それを見て判断するという人たちに、僕たちに出資するという意思決定はできないと確信していた。デューデリジェンスされた瞬間にアウト。大炎上して、ネット上の評判は最悪、ＰＬもＢＳも真っ赤な会社のプレゼンシートに勝算はない。

プレゼンシートの内容ではなく、僕自身を気に入ってもらうことができなければ、出資してもらえる可能性は万に一つもない。だから身に付いたスタイルが、必要に迫られたものなのか、僕が得意だったのかはわからない。ただ、僕がそういう付き合いを好んでいたというのが大きいのだと思う。令和の時代の昭和スタイルの付き合い方を、気に入ってくれる人は案外多かった。


「おまえ、面白いな」「野口さんが語る未来に、乗ってみたいな」と、興味を持ってくれる人をどれだけ増やしていけるかが僕の手腕の見せ所だし、それができなければ、Brave groupのトップとしての意味がないと思った。

とはいえ実際は、見込みがあると思って絞って当たった投資家でさえ、出資してくれるのは百人の中で、よくても四、五人程。投資家まわりの時間はいくらあっても足りなかった。

僕はずっと、VTuber業界の未来を語り続けた。

Winner takes allにはならないくらい、大きなポテンシャルを秘めたマーケットであるということは、最初に株式会社バーチャルユーチューバーを立ち上げるときから考えていたことだ。

集英社や講談社、小学館に、この本が出版されたダイヤモンド社。他にも大中小さまざまな出版社が世の中で共存しているのと同じように、大きなところが複数存在しているほどのポテンシャルがある。このマーケットは必ず近い未来、絶対に伸びる。伸びている会社がたくさんある。

さらに僕たちは、一度は日本一になった実績がある。ぜひ僕を信じて、僕自身に賭けてください。乾杯！

土下座してお願いしたこともあれば、グラスになみなみと、アルコール度数の強いお酒を自ら注いで、「これイッキするので出資お願いします！（笑）」なんてこともあった。手段は問わない。何をやってでも、自分が倒れても、絶対に調達しようと思っていた。

再起をかけて模索する時期

会社を存続させるために、死に物狂いで資金を調達する。さらにその一方で、収益化を図ることができる事業の立ち上げも急務だった。

二〇二〇年、ゲーム部プロジェクトは二月七日の最後の配信をもって幕を閉じた。Unlimitedの一つの時代を終えた気がした。同年の三月にベネッセからも卒業し、四月には新たな体制のもとで進み始めたところだった。

六月に控えていた社名変更と新体制発表のための準備を進める中で、一番頭を抱えていたのは、再起のカナメである収益を出せる事業の立ち上げだ。ゲーム部に迫るほどの主力コンテンツになりそうなものは、まだ何も目処が立っていない。

炎上が始まったときよりも何よりも、一番辛かったのはこの時期だろう。希望が見えない中、苦しい模索の日々だった。

資金調達のプレゼンでは、「今は赤字だが、今までのゲーム部での実績とノウハウがある。ＩＰは、一朝一夕では立ち上がりませんが、エンターテインメントは、打席に立ち続けることが重要。今の複数のチャレンジの中から、必ず立ち上がるプロジェクトが出ます！」と投資家たちに力説しながら、実は自分自身に言い聞かせていたように思う。
とにかく焦りを感じていた。

それでも、会社の立て直しを図るためには、今、立ち止まることはできない。膿を出し切り、チームを刷新して、新たな航海に出ることを対外的にアピールしなければ、これまでのイメージのまま、潰れてしまう。

二〇二〇年六月十六日、株式会社Brave groupへの社名変更を発表した。
代表取締役ＣＦＯだった僕が、代表取締役に就任。コーポレート本部長だった船橋純が執行役員現在はＣＯＯに。それまでＣＳＯ（最高戦略責任者）だった役員も取締役に昇進。そして、代表取締役だった上西恒輔が退任した。

Brave groupの社名の由来は、「勇者」から着想を得ている。
「少しでも世の中に〝勇気〟と〝笑顔〟を。これからの新しいエンターテインメント業界の勇者となりたい」

新しいチームでの新しい冒険の船出に心が奮い立った。

信頼できる仲間がいるからこそ

この時期に新体制で役員となった船橋純、またタレントのマネジメントから社内の労働環境の改善など、総務人事部門の統括を担ってくれた武田洸樹は、今でも背中を預けられる信頼できる仲間だ。

武田は、二〇一九年三月に総務担当として入ってきてくれた。目も当てられないほど荒れていたクリエイターチームの労働環境を、なんとか整えていくための人材だった。ところが、入社して間も無くの炎上事件。この緊急事態を乗り越えるために、率先して動いてくれたのが武田だ。

公式ホームページに掲載するための謝罪文の草案を、僕と一緒に作成したり、その他にも炎上に関する対外的な対応も、すべて武田が仕切ってくれた。

トラブルを乗り越えて、チームとしての絆をより強くすることができた多くのメンバーがいる中で、本当に悲しい別れも経験した。

ＣＳＯとして就任してくれた役員がご病気で逝去された。まさに、新しい冒険の始まりというタイミングだった。ショックで言葉を失った。炎上によって、どうしてもメンバーの維持が難しくなった頃、大規模な改革を敢行せねばならず、そこで動いてくれたのがこの役員だった。

あの大混乱の最中、「なんとかしましょう！」と積極的に動いてくれたメンバーがいたからこそ、今がある。誰かが欠けても、乗り越えることは困難だっただろう。

僕は過去に一度、一社目の起業の際に、組織崩壊してほぼ一人きりになってしまったことがある。学生起業で、メンバーも友人たち。今から考えると、ごっこ遊びのような起業だったが、そのときの苦い経験は今でもまざまざと思い起こされる。そのときも、かろうじて残ってくれた一人に助けられた。

事業とは、どんなメンバーと共に歩むことができるか、にかかっている。

新体制で出発するも、新事業は立ち上がらず

新体制で、社名も変更し、新たな旅に出発する準備は整った。しかし、順風満帆に進んでいるように見えているのとは裏腹に、新事業は一向に立ち上がってこない。

社名変更の発表と同時に、約八億円の資金調達についても公表。引き続き資金調達を行ってはいたが、少しずつ開発費に回せるお金が出せるようにもなっていた。ようやく、新しいチャレンジに力を入れることができる。そこでさまざまなことを試みた。VTuberとファンが一対一で会話ができるアプリ「virtualtalk（バーチャルトーク／二〇二一年六月にサービス終了）」の開発や、VTuber系のクリエイターのエージェント業務。芸能人をVTuber化させるというプロジェクトもあれば、以前から続けてきた「あおぎり高校」に、スマホ発のビッグＩＰを創出することを目指してつくられたガールズバンドプロジェクト「タイバン！」。バーチャルアーティストのプロダクションを行う「RIOT MUSIC」。

開発したアプリもまったく当たらず、エージェント業務もうまくいかない。ＩＰを育てるには時間もかかる。わかってはいるが、利益を得られないまま、資金だけはしっか

りと消化していく状況は、心を蝕んでいく。

迷走していた。

とにかく、資金が集まっているうちにさまざまなプロジェクトを立ち上げて、なんとか収益化につなげようと思ってやっていた。

メンバー同士の雰囲気も険悪なムードが漂う。先が見えない中で空気が悪くなるのは当然だ。

チームごとに競わせて行っていたプロジェクトは、チーム同士で批判したり、非難し合ったり。プロジェクトを任せるチームリーダーが、途中で消えてしまったり。これから、少人数で立て直していかなければならないのに、チームはバラバラ。一つでもヒットが出ていたら状況は違ったのかもしれないが、まったくまとまっていない状況だった。

焦りと苛立ちばかりが募る。そして何より、僕自身が事業を立ち上げて、組織をリードしていくようなＩＰをつくることができないことが、何よりも歯痒く、辛かった。信じた仲間たちに、託すしかない。

ファンがVTuberと会話できるアプリ「virtualtalk」

ガールズバンドプロジェクト「タイバン！」

小さく輝いた希望の光

再起の糸口をつかんだのは、武田洸樹だ。

バーチャルアーティストプロダクション「RIOT MUSIC」。すでに活動を終えていた自社プロデュースの「道明寺ここあ」を復活させ、彼女を中心としたVTuberの音楽プロダクションをつくりたいと申し出たのが武田だった。

道明寺ここあは、二〇一八年、ゲーム部の道明寺晴翔の妹としてデビューしたキャラクターだ。炎上後もなんとか続けてはいたが、二〇一九年末に活動を終了させていた。

武田が、熱い思いで僕に話をしているのが伝わってきた。最初に話を聞いたときから、道明寺ここあの復活のシーンも、すでに頭の中に浮かんでいる。話を聞いているだけで、僕もワクワクしてきた。よし、武田の案に賭けてみよう。

二〇二〇年三月十三日、YouTube上のチャンネル「COCOA CHANNEL」での一本目が、道明寺ここあの再起をかけて配信した動画だ。曲は水樹奈々の『ETERNAL BLAZE』。

まだ社名変更前で、そのときはUnlimitedから出ているキャラクターというだけで「見ない」というユーザーも多くいた中、この一本目の動画は、僕たちも驚くほど再生回数が伸びた。好感触だ。配信数日で、すぐに十万回を突破した記憶がある。もちろん、最初の配信はゲーム部のときほどの大バズリではない。それでも手応えはあり、ＳＮＳでの評判も上々だった。

これは、経営体制刷新のリリースを出して、体制改革をして進むことを発信すれば、さらに大きく成長していく可能性があるのではないか。僕にとって、小さな希望となった。

長期的な視野を持つことができない

しかし、最初は期待ができる再生回数であった道明寺ここあだが、時はVTuber戦国時代。多くの企業が業界に参入し、二〇二〇年はVTuber数が一万人を突破したとも言われるほど、業界全体が急成長している時期（引用：株式会社ユーザーローカル　https://www.userlocal.jp/press/20221129vt/　https://note.com/745810/n/nc9969f39a75a）。

数多いるVTuberの中で、突き抜けて人気を得ていくのは、簡単なことではない。それは、「タイバン！」や、その他のプロジェクトにも言えることだった。期待を込めて立ち上げ、日々の登録者数やユーザー数に一喜一憂、いや、ほんの数回希望が見える瞬間に喜ぶことがあっても、多くは落胆ばかりの日々。

なんとか、柱となる事業が一つでも立ち上がってほしいという思いで続けていたが、なかなか立ち上がらない。社内は赤字プロジェクトばかりだった。

今ならば、たとえ最初は赤字であっても、数年はしっかりと腰を据えてやっていこうと長期的な目線で考えることができるが、当時はそんな余裕もない。先が見えずにいた。

熱量も危機感もバラバラな社内

今、苦しかった時期を振り返ると、あの状況で事業が立ち上がらなかったのは当たり前のことだとわかる。元々、Unlimited時代にVTuber事業に従事していたメンバーの多くは会社を離れ、残った数名のメンバーに加え、半数以上が業務委託のような形で参加してくれた人たち。一人ひとりの熱量も危機感もバラバラで、そのような状態の中で何も生まれないのは当然だった。

だがあの頃は、そんな当たり前のことにすら思い至らず、ただ焦りが募るばかりだった。今だから話せるが、かなり追い詰められていた当時、オフィスを出てからは誰にも会いたくなくて、家に帰ることをやめ、一人、五反田の駅前のホテルで生活していた。

このまま事業が立ち上がらなかったらどうしよう。このまま時が過ぎたら、本当に地獄のような状況だ。

今まで信じて、期待して、出資をして下さった投資家の方たちのことを思うと胸が苦しくなった。死にたくなるような気持ちになったこともあった。

あれほど辛かった時期はない。

新体制から数ヶ月が過ぎ、当時の累計資金調達金額は十二億から十三億ほど。なんとか資金は調達し続け、かろうじて会社は延命することができていたが、収益はない。

追い詰められて、とうとう、会社を売ることすらも頭をよぎった。僕の分はいいから、投資してもらった分を返すだけのお金をどうにかすることができないだろうか。当時の取締役たちとの話し合いも、どうやって事業の収益化を図るかということではなく、どうやってポジティブに会社を清算するかという内容に話がシフトしていた時期がある。

仕事以外で人に会いたくなかった。普段は平静を装いながらも、精神的にはかなり追い詰められていった。


そんな状況の中で、一筋の希望が見えてきたのは、やはり「RIOT MUSIC」だった。

新人のデビュー後まもなく、チャンネル登録者数も数十万人まで伸びていく。期待ができる初速の動きだった。

ファンの反応はよかったが、当初はまだまだ赤字の状態。ゲーム部のような爆発的な伸びもない中で、事業を継続していくためには、ライブイベントの成功しかないと考え始めた。

緊急事態宣言下でのリアルライブ@横浜で見た復活の予兆

二〇二一年三月に、Brave group初のリアルライブイベントを開催することを決定した。

とはいえ、開催の決定は非常に悩んだ。

世の中は新型コロナウイルス流行の真っ只中で、緊急事態宣言の発動と解除を繰り返している状況。連日のニュースでは、その日の感染者数と総計の推移が発表され、不要不急の外出は控えるようにと政府からお達しが出されていた時期。

こんなときに、リアルでのライブを開催することで、また過去のように炎上がぶり返してしまうのではないか。炎上した過去を持つ会社が主催するライブに、人が来てくれるのか。コロナ禍なのに人を集めていいのか。こんな時期にリアルライブを開催している会社はどう見られるのか。グッズは売れるのか。会社として初めてのライブイベントを、ちゃんと開催できるのか。そして、観た人に感動してもらえるライブをつくり上げられるのか?

メンバーの多くがコロナ対策のため在宅で仕事をする中で、リモートでライブをつくり上げる難しさもあった。もし開催にこぎつけることができたとしても、ライブ自体が感動できるものでなければ、意味がない。

リスクと不安要素だらけ。

それでも、武田の強い意志を信じることにした。武田が率いるRIOT MUSICのチームが、オフラインでのライブをやりたいと言っている。僕は、彼らに任せるしかない。企画や現場での意思決定含めライブに関するすべてのことを武田に託し、僕はライブイベントに投資家候補や、今後、事業を一緒に行っていきたいと思っている起業家などを招待するために動いていた。


ライブの企画が持ち上がったのは、二〇二〇年の年末。そこから三ヶ月間で、数百人を集客するリアルライブイベントを開催するのは、「大変だった」という一言では片付けることができない苦労があった。

当時、世の中からイベントが完全に消えていたわけではなく、いくつかの事例はあった。それでも、企画された多くのイベントは、繰り返す緊急事態宣言の「発動」と「解除」に振り回され、イベント目前という日程でキャンセルとなるものも多かった。開催も、会場キャパシティの半分までという、政府からの厳しいルールが設けられている。

僕たちのイベントも、突然中止にしなければならなくなる可能性はある。イベントが開催される三月までの間に、何度も何度も議論を重ねた。本当に今、リアルライブを開催していいのだろうか？

ただ、大炎上という経験を経て、僕たちはだいぶタフになっていた。

一度死にかけた会社だ。コロナ禍に開催したことで炎上したとしても、また立ち上がることはできる。僕たちが今立ち向かっているのは、コロナではない。会社の存続を懸けてのラストチャンスへの挑戦である。

僕たち総員の覚悟が決まった。

死に物狂いで準備したリアルライブ

二〇二一年三月二十一日、Brave group初のリアル・オンライン同時開催のライブイベント『Re:Volt』。会場は、横浜の元町・中華街エリアにある「横浜ベイホール」だ。

当時のメンバーは死に物狂いで準備をしていた。

本番が近づくにつれて、社内チャットに投げられる「やばい！」という文字が増えていく。てんやわんやの状況が、その場にいなくても十分に伝わってきて、大混乱の現場の様子が目に浮かんだ。メンバーたちも段々と精神的に追い詰められて、皆パッツパツの状況だ。

僕は、ギリギリまで投資家まわりをしていた。現場の状況を不安に思いながらも、僕は僕で、これから請求されるイベント開催費用などのことが頭にあり、会社の資金を何としても焦がさないために、必死に動いていた。ライブには冠協賛をつけることもできた。

開催日当日、予定より少し早めに会場入りした。リハーサルには間に合わなかったが、現場の様子を直に見て、安心しておきたかったからだ。

会場についで早々、インカムをつけて忙しなく指示出しをしている武田が、こわばった顔でこちらに向かってきた。「野口さん、リハーサルでバグが起きてて、観客に土下座して謝らなきゃいけないかもしれません……」。マジでやばい、大丈夫か分からない、と。

僕の不安はこれ以上ないほどに膨れ上がった。

復活に向けて、潮目が変わった瞬間

しかも当日は、嵐のような大雨だった。会場は最寄りの駅から徒歩で十五分ほどの距離。不安でいっぱいの中、びしょびしょに濡れながら、続々とお客さんたちが歩いてくる。開場と同時に、客席はほぼ満席になり、その様子にひとまず安堵した。お客さんが来てくれた！


いよいよライブがスタートした。

道明寺ここあが歌う、『ETERNAL BLAZE』に始まり、続くセットは、凪原涼菜の『創聖のアクエリオン』。メドレー形式で五曲続いた後に、REALITYプロダクションからバーチャルガールズデュオ「VESPERBELL」の二人がゲスト出演。先んじて松永依織と凪原涼菜とのコラボ配信を公開していたこともあり、見ていた観客たちの熱気も上がる。ライブでは声出しは禁止され、観客は皆マスクをして無言だったが、精いっぱいエールを送ろうと、手にしたペンライトが何百本も、ファンたちの頭上で力強く振られていた。

オリジナルソング五曲、カバー曲十五曲。内容盛りだくさんの二時間のライブは、あっという間だった。

いよいよラストに差し掛かるところで、メンバーそれぞれが今回の『Re:Volt』について、想いを語る場面。初めてのリアルライブ開催のこと、会場に足を運んでくれたファンへの感謝の言葉。そこで、メンバーの最後のMCだった道明寺ここあが、プロデューサーである武田について一言コメントした。

「今回のファーストライブ、本当に皆さん頑張ったと思うんですけど、一番頑張ったのはプロデューサーさんなんです。プロデューサーさんがいなければ、本当にこのライブは成立しなかったので、皆さんプロデューサーさんにおっきい拍手を！」

もちろん、原稿に書かれたものではない。MCは生の掛け合いを楽しむため、タイムラインと大まかなMCの順番を示した進行台本以外は用意されていない。道明寺ここあ本人のコメントだ。

僕は感慨深かった。

タレントとのトラブルが元で炎上を引き起こした会社で、タレントから愛されるプロデューサーが誕生した。

最後の曲は、嵐の『Happiness』。その歌詞が、これまでの僕の行動すべてを肯定してくれるように聞こえ、涙が出てきた。

止めないで 止めないで
ずっと信じる気持ち
今は名もないつぼみだけど
一つだけの happiness

周りを見渡すと、多くのファンや運営メンバーが泣いている。

僕はこの姿を見て、追い風をはっきりと確信した。「RIOT MUSICなら、いける！」

会場に来てくれた片山さんが、ライブを褒めちぎってくれたことも、うれしかった。

『Re:Volt』の成功を糧に、次のステージへ

間違いなく、僕たちの本当の転機は、この横浜でのリアルライブ『Re:Volt』だ。

その他の事業は、ほとんど撤退した。人もお金もRIOT MUSICに集中させよう。

『Re:Volt』は評判が非常によかった。炎上どころか、僕たちを応援してくれるファンが少しずつ増えてきた。それだけではない。あのライブを皆で乗り越えたことで、以前よりもさらに一段強い結束力が生まれた。

新体制でスタートしてから、ちょうど一年が経とうとする頃だった。

この仲間とならこの事業をどこまでも伸ばしていくことができる！

僕たちはようやく、過去の困難を乗り越え、次なる章のスタート地点に立った。

第2章

Chapter_02

再起を懸けて――共に戦う仲間の集め方

2

『Re:Volt』の成功で主力事業が固まる

二〇二一年三月、横浜ベイホールで開催したリアルライブ『Re:Volt』の大成功は、僕たちがこれから歩むべき方向をはっきりと示してくれた。

Brave groupは、「RIOT MUSIC」を主力事業の中心としよう。RIOT MUSICの他に進めていた事業は見直し、アーティストVTuberの配信事業を強化すると同時に、『Re:Volt』のようなリアルでのイベントにも力を入れていくことを決めた。

抱えるVTuberを一人増やすと、必要なメンバーはそれ以上に増える。五反田のオフィスはあっという間に手狭になり、また、手づくり感のあるスタジオから、より本格的な配信用のスタジオに変えたいと考えていたタイミングで、芝浦にあるスタジオ付きのオフィスの情報が入ってきた。

もとはシンガーソングライターユニットのYouTuberたちが拠点としていたオフィスで、その居抜き物件。五反田オフィスよりも格段に広くなるが、家賃もそれなりの金額で、引っ越し費用は五千万円ほど。まだまだ収益的にも立ち上がることができずにいた

Brave groupにとっては大きな負担ではあったが、RIOT MUSICに賭けることを決めていた僕は、躊躇せずにオフィスの移転を決めた。『Re:Volt』を終えてまだ二ヶ月しか経っていないタイミングだったが、迷いはなかった。

キズナアイの登場以降、過熱の一途をたどり、いつの間にか戦国時代の様相を呈していたVTuber業界。その中でも上位二社が、圧倒的な強さで業界を独占していた。

そんな、誰から見ても多勢に無勢な状況の中で、一度大炎上で死にかけた会社がその渦中に飛び込んでいくなんて、周囲からは無謀に見えたかもしれない。それでも、

五反田オフィス時代のメンバー

再び立ち上がることができると強く思うことができたのは、Re:Voltの会場内で見た、熱狂するお客さんの姿が目に焼きついたからだ。

RIOT MUSICがあれば、きっと僕たちは再び首位を目指せる。

そこから、業界の二大巨頭に立ち向かうための、新たな旅がスタートした。

困難を共に乗り越えた仲間がいたからこそ

拠点を新たに構え、再起をかけた新たな挑戦に向かうことができたのは、倒れそうな会社を支え、共に炎上を乗り越えた仲間がいたからに他ならない。

その中でも、現在は取締役執行役員でCOOを務める船橋純の活躍には大いに支えられた。

船橋が、Unlimited（現Brave group）にジョインを決めてくれたのは、偶然にも炎上の前日。その後直面する会社の難局は、船橋抜きでは乗り切ることは絶対に不可能だったと考えると、船橋とのつながりに、運命のようなものを感じずにはいられない。

出会いは、Unlimitedを含めて僕が携わっている会社のファイナンスを任せられる人材を探していた中、知人が推挙してくれたのがきっかけだった。

初めての顔合わせは、六本木ヒルズ地下のスターバックス。

その頃の船橋は、会計士として監査法人に所属し、大企業の会計監査などに携わってはいたが、個人的にスタートアップなどにも興味を持ち、フリーランスでさまざまなプロジェクトに携わって成長機会を得たいと考えていると話してくれた。

僕たちは、話し始めて数分もしない間に意気投合した。お互いの思いに共鳴し合うような感覚。顔を合わせてから一時間後には、ビジネスパートナーとしてタッグを組んでやっていこうと、心に決めた。

とはいえ、そのときの話し合いでは、Unlimitedの専任として任せるという話ではなく、同じように僕がエンジェルとして投資をしている他のスタートアップも含めて一緒にやっていこうという話をしていた。

当初考えていた船橋の役割は、公認会計士としての知見を活かして、投資先であるスタートアップ企業のバリューアップや、共同創業のためのさまざまな交渉ごとなど。今まで船橋が携わってこなかった事業などに関わることができる機会に、すぐに「面白そうですね！」と、一緒にやることに乗ってくれた。

しかし、その翌日の炎上トラブルを発端に、状況が急変したのは第1章で述べた通り。僕が、なんとか会社を存続させようと駆け回っていたときに、船橋が「野口さんが、Unlimitedにフルで取り組むのだったら、僕もそれ以外のことを全部やめて、フルコミットでやります」と言ってくれた。僕が、全力を注ぐ決意を固めたときに、船橋もまた自ら、他のプロジェクトをすべてやめて、Unlimitedに専念することを選んでくれた。

船橋は、猛烈な勢いで人事、総務、経理、財務などのバックオフィスの整備を行った。それぞれの部署が有機的に動き始め、Brave groupが浮上するために不可欠だった、買収企業の受け入れ体制が整い、経営統合も可能となり、さらに新しいプロジェクトの立ち上げにも繋がった。

船橋が怒濤の勢いで築いた会社としての体制があったからこそ、Brave groupは次々と新しい企業、新しい仲間を取り込み、さらなる拡大を実現することができた。

組織拡大を視野にオフィス移転

仲間を迎え入れるためには、まずはオフィス環境の整備が必要だった。

大人数のメンバーを受け入れ可能とする環境へ、オフィスを移転。

当初、Brave groupにいたメンバーは、僕や船橋を含めた役員やRIOT MUSICのチーム、人事・総務等バックオフィスチームのメンバーを含めて総勢十五名ほど。組織を大きくするつもり満々で借りた芝浦の新オフィスは、まだ十数名の僕らには、分不相応なほどの広さ。そのため引っ越したばかりの頃は、その広いオフィスの一角に皆で集まって執務をするような状態だった。

しかし、空いていた席が埋まるのはあっという間だった。その年の年末頃には、すでにメンバーの席が足りなくなっていたように記憶している。

急速に人が増えていき、組織が大きくなった背景は、重要なメンバーを一人ひとり集めていくのと同時に、強力なコンテンツをつくれる人や同業他社との経営統合を実施してきたからだ。さまざまな会社がグループジョインしてくれたことで、今のBrave groupがある。

そして、経営統合という仲間集めは、これからもまだまだ続けていく。なぜ続けるのか。それは、このVTuber業界をより大きく発展させ、盛り上げていくという目標のために他ならない。面白い企画、いいコンテンツ、個性あるキャラクター、魅力的なVTuberを創出しているさまざまな会社がある。それぞれが小さく活動するよりも、同じ志を持った仲間が集まる場所で一緒に仕事をしていくことで、多様なアイデアが集まり、より魅力あるVTuberたちを育てていくことができる。

僕は、それをVTuber企業の連合軍と呼んでいる。連合軍を大きくしていくことが、業界全体を盛り上げることにつながると考えるからだ。

規模が小さいがゆえにもったいない状況に陥っていたり、VTuber周辺領域の事業が持ち腐れになっているような会社がいくつもある。だからこそ、手を取り合って連合軍をつくり、一緒に世界に打って出る。小さな一社では難しくても、大きな連合軍ならできるということが、必ずあるはずだ。

それに、同じ志を持つ仲間たちが多く集まった方が、楽しいに決まっている。仕事の中で感じる楽しさこそが、やりがいであり、事業の成長に必要不可欠な要素である。

そして今、国内外で続々と仲間が集まり始めている。

クリエイティブにこだわる組織として

実は「Brave group」という社名の着想は、RIOT MUSIC率いる武田洸樹の存在が大きい。

発表したのは、二〇二〇年六月。

「これから再起を図る事業をつくるのは武田だから、武田自身がテンションの上がる名前であることが極めて重要だ」と話した。クリエイティブを大事にしていく会社なのだから、クリエイティブを任せる人たちに気に入ってもらえる社名がいい。

いまだ再起のための明確な道筋が見えない中ではあったが、これまでの、「クリエイティブにこだわるアイデンティティ」を継いでいくという思いを表したかった。

社名の候補を一緒に考えるという重役を言い渡された武田は、最初こそ、その大役に驚いていたが、すぐに三十個ほどの社名候補を作成してきた。

そこに役員の船橋もブレストに参加して、たどり着いたのが「Brave」だった。

Brave—勇士、勇敢な人、勇敢な、思い切った、～勇敢に立ち向かう、～に挑戦する直感でこれだ！　と思った。勇者が主役。まさに、苦境の中で、ここから冒険を始めなければいけない僕らにとってぴったりだ。

「Brave」に「group」をつけたのは、将来的には今よりも大きくなったBrave groupの下に、グループ会社がたくさん集まる企業にしたいという思いを込めたからだ。ぼんやりとではあったが、当初からホールディングス経営の構想があった。

「Brave」は、クリエイティブへのこだわりを継いで、冒険をしていく僕たちの意志、そして「group」には、僕の未来のビジョンが詰まっている。

これから上を目指していくために一番重要なのは、共に戦う「勇者」たちをどうやって集めていくか、だ。ここからBrave groupの新章を共に戦う仲間集めがスタートした。

「つながり」を大切にしてきた仲間集め

二〇二四年十二月現在、Brave groupにジョインしてくれた会社・事業は八つ。最初の経営統合は、二〇二二年六月の株式会社バーチャルエンターテイメントとMateReal株式会社。同時期に、「MUGEN LIVE」を事業譲受した。その後、二〇二三年七月に

Geek Hive株式会社、同年十一月に株式会社LaRaと株式会社ディーワンと経営統合。二〇二四年二月には株式会社Smarpriseを経営統合し、八月には「idol」を事業譲受した。

この経営統合におけるBrave groupのもっとも特徴的なところは、経営統合したすべての会社が、以前からの友人や知り合いの会社だという点だろう。ごく親しい友人からの紹介の人もいれば、十年来の友人もいる。

一般的な経営統合は、M&Aの仲介会社などを通してアプローチ、そして経営統合を進めていくのだろうが、僕の場合は元々の「つながり」や「付き合い」、そして「リファラル」によって、参加してくれる人たちや組織の輪を広げていっている。

それは、僕の周りに魅力的な人たちがたくさんいたということもあるが、周りの人たちを巻き込んでいく力を発揮できたことが大きいのだと思う。

その方法は極めてシンプルで、腹を割って話しあえる友人になること、そして同じビジョンに向かって走りたいと思ってもらえるよう事業の魅力をしっかりと伝えることだ。

なんだそんなことか、と思うかもしれないが、入ってほしいと思う人とどれだけ深い信頼関係を築くことができるかが重要で、僕はそのために食事会を活用している。食事会の活用方法については、また後ほど述べるとして、大きな組織をつくるには、信頼し、仕事を託せる人材を獲得できるかどうかにかかっていると言っても過言ではない。

百人将――百人を束ねられる百人を集める

とはいえ、今まで僕がすべてのBrave groupのメンバーをリクルーティングしているかというと、そうではない。僕の理想は、マンガ『キングダム』の中に出てくる「百人将」をつくること。

『キングダム』（作・原泰久、集英社刊）とは、古代中国・春秋戦国時代を舞台に、戦乱の最中で中国史上初めて天下統一を果たした始皇帝と、それを支えた武将が主人公のマンガである。その中に出てくる百人将とは、「百人を束ねられる人」のことで、百人将を百人集めることができれば、一万人の組織になる。要するに、百人を集められる上の人から集めるという話を、僕は先輩経営者から聞いていた。

今、僕がやるべきことは、組織の上に立ち、人を率いていくことができる能力を持った「百人将」になり得る人を集めることだ。
どうせなら、一万人規模の会社まで育てるのが夢であり、最終的な目標。大きな組織づくりを目指す中で、将来的に自分が直に会話をすることができる人の範囲も、やはり百人くらいになるのだろうなと思うことがある。その百人の人たちが、それぞれ百人のチームを率いることができれば、一万人の組織になる。その百人の武将を集めることができた者が戦の勝者になるだろう。

その百人の武将たちは、スキルセットや生い立ち、国籍もバラバラで構わない。違いこそ多様性が生まれる。しかし、組織として共に戦うために重要なことは、「ウマが合う」かどうか。採用の失敗談として、スキルを重視した価値観で採用してしまい、社風やメンバーたちとマッチしないということはたびたび耳にする。僕は、スキルよりもマインドの方が重要だと考えているので、そのためにも役員ポジションについてもらうようなメンバーとは入社の前に会食や飲み会の席などでお互いの人柄を含めてとことん知り合うようにしている。

また、メンバークラスのリクルーティングに口出しをしないのは、そのポジションを任されている人に権限ごと委譲していることもある。自分の部署に雇い入れたいと考えている人選は、そのポジションの長に任せる。

信頼しているということもあるが、僕自身がその人を抜擢したならば、その人に権限を委譲し、重要な判断も信じて任せることが大切だと思うからだ。そうすることで、任されたそのメンバー自身も成長していくことができる。人を育てるのは「責任」。百人将になるために成長する土壌をつくることは、経営者の役目だと思っている。

Brave groupに集った勇者たち

現在、Brave groupの執行役員をしているメンバーは、そのほとんどが人のつながりや元々友人関係のある人だ。この状況はかなり特殊なのかもしれないが、本当に引き寄せの法則というものがあるのかと思わせるような、不思議な縁が次々とつながって、今に至る。

Brave group

Virtual Entertainment

RIOT MUSIC

MateReal

Game & Co.

ENILIS

Entertainment is Life itself

Geek Hive

Studio LaRa

D1-Lab

Smarpr!se

Brave pictures

Brave group EUROPE

Brave group US

Brave group APAC

Brave group CHINA

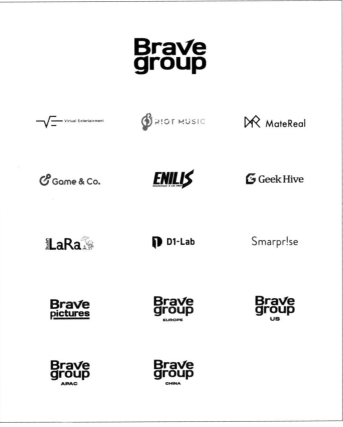

現在 Brave group を構成する企業

二〇二〇年六月のBrave groupの新体制発表からの一年間は、ゲーム部プロジェクトの炎上事件の大ダメージを癒やしながら、水面化で、再起を図るための準備期間だった。

翌二〇二一年六月、芝浦の大友ビルにオフィスを移転する前後から、新しく参画するメンバーが続々と決まり、僕たちは新しい体制へと進化していった。

新体制に移る直前に参画した、滝澤崇広（現Brave group Europe Managing Director）と、森川仁史（現執行役員）は、現在も重要な役割を担うコアメンバーだ。

そして二〇二二年六月には、星崇祥（現取締役執行役員）と、星率いる株式会社バーチャルエンターテイメントが経営統合して参画。また同時期に、星が株主として出資し、金葵娟（現執行役員）が社長として経営を担っていたMateReal株式会社も経営統合。金葵娟の元で実務を担当していた中村峰晴（現執行役員）も、同じタイミングで入った。

小杉安正（現執行役員）が二〇二二年九月。山﨑優（現執行役員）も、最初は業務委託でお願いしていた。彼がBrave groupに参画してくれたのは二〇二二年十一月。武田豊（現執行役員）も二〇二二年十一月。新体制発表後だったが、炎上の痛手を乗り越え、再起を懸けて事業を進めようとしていた、まさにその時期だった。

皆、元から繋がりがあったり、親しい人たちのつながりで来てくれた仲間だ。

採用のケミストリー

人が繋げてくれる縁は本当に不思議だ。

思いがけない方向から、それもお互いが何かの吸引力に惹きつけられる形で出会うことがある。そしてそういう場合は、会った瞬間にお互いが「この人だ！」「この会社だ！」と、何の疑問も持たずに一瞬の出会いで入社につながるケースがある。

現在、Brave group Europe Managing Directorの滝澤崇広は、まさにそういうケースだった。

滝澤とのつながりは、Brave groupの創業当初から投資家としてお世話になっている社外取締役の山口丈寛さんが繋いでくれた。

ある日突然、山口さんが僕に、「これまでに自分で起業を経験していて、次にどうしようかってちょうど考えているユニークなやつがいるんだけど、興味ある？」と尋ねてきた。もとはSIer大手企業のシステムコンサルティング、モバイルベンチャー企業でマーケティングとソリューション事業に従事し、その後は海外で自身のモバイル系コンテンツ制作の会社を起業していて、その会社を十年ほど続けていたが、新しく大きなチャレンジをしたい。次にどうしようかと考えているタイミングということだった。

僕は、すぐに紹介してほしいと願い出た。

初めて会ったのは、五反田駅近くのカフェ。まだ、芝浦の大友ビルにオフィス移転する前のことだ。その頃はまだ、ゲーム部炎上の痛手から立ち直ることができずに、ゲーム部プロジェクトも終了。それに代わる主力事業もコンテンツも見つからない。会社としての評判も炎上事件に引っ張られて低迷している状況で、メンバーとしてスカウトするにも、やや気後れしてしまう気持ちがあった。しかし、そんなことも言っていられない。

僕は滝澤に、この業界の魅力とポテンシャルの高さ、そして自分が考えるビジョンを全力で話した。話が響いているのが、滝澤の反応からすぐにわかった。採用におけるケミストリーというのは、こういうことか。

滝澤の方にも、僕らが魅力的に映った理由があった。

もともとが自他共に認めるコンテンツ、エンタメ好き。VTuberという新しいものも好き。そして、自身で起こした会社で十年間社長としてやってきたが、「参謀の方が性に合っている」と考えていた。

僕たちの思いが一致した。

僕たちの強みを掛け合わせて、弱みを補完し合うことができれば、事業をつくっていくことができる。パズルのピースがハマるような感覚。

さらに高校をイギリス、大学をフランスで過ごした滝澤は、ヨーロッパが大好き。それは、僕たちがこれから積極的に海外展開をしようと視野に入れて動いている点とも合致した。

滝澤は魅力的な個性を持った人材であり、さらに、あの状況で「面白そう!」と言って飛び込んできてくれる勇気も持っていた。まさに、僕たちが求めていた勇者の一人だ。

二〇二〇年一月、滝澤が正式にBrave groupにジョインした。

新たな仲間との旅立ち。新章の始まり

なんとか新規で事業を立ち上げようとしていたあの頃、滝澤のように会社に飛び込んできてくれたのはほんの数名だった。そのうちの一人が、現在社長室の室長をしている執行役員の森川仁史だ。

入社日こそ、芝浦オフィスへ移転する前の二〇二一年八月だが、それよりも一年ほど前から、業務委託という形でBrave groupを支えてくれていた。当時、森川はスマホ向けゲームで有名な会社で部長をしていて、ちょうど会社を辞めて自身で起業をする準備をしていた。

森川の仕事スタイルは、僕にとって完璧だった。僕の意図を百パーセント以上汲んで、動きやすいようにサポートしてくれる。僕は、起業しようとしている森川に、自分の気持ちをぶつけた。森川がいなければ、僕は僕の実力を十分に発揮できなくなるだろう。

のちに森川に当時のことを聞いてみた。前職がグループ全体で千名を超える規模の企業だった森川にとって、そこでは味わえなかった『自分一人の責任の大きさ』『結果が与

える会社への影響』『個として信頼・必要とされている度合い』など、リスク満載だが常に緊張感があって毎日が面白いと思える環境で働けると考えたことが、当時二十名前後だったBrave groupへのジョインを決めた要因だったという。

二〇二一年六月、芝浦の新しいオフィスに移転する少し前に、僕と舩橋、滝澤、森川の四名の経営陣が固まった。これから始まる、新しい冒険を共に旅する、最高の仲間だ。ゴールまでの道のりすら見えず、何が待ち受けているのかもわからない中ではあったが、心は希望に満ち溢れていた。

拠点を移し、新たな仲間を迎え入れて、新しい冒険が始まった。

星崇祥との運命的な巡り合わせ

近年、Brave groupが飛躍的に伸びている要因は、「ぶいすぽっ!」の成長が大きい。他の事業も順調に成長しているが、「ぶいすぽっ!」はBrave groupを牽引する強力ＩＰだ。

もとは二〇一八年に星崇祥が自身でつくり上げた事業だが、事業の立ち上げ当初、実は「ぶいすぽっ！」の企画と株式会社バーチャルエンターテイメントの立ち上げに、僕も一役買っていた。

ただ、その当時は、単に友人としてのお手伝い程度にしか考えておらず、数年後に僕たちが経営統合するなんてことは、夢にも思っていなかった。本当に、人の巡り合わせとは不思議である。

もともと星と僕は、星の一社目の起業時代からの友達だった。起業家として、共通の友人を介して知り合った。

星が、自身の会社を売却した頃、一緒に飲みながら話していたことが「ぶいすぽっ！」が生まれるきっかけにつながる。ちょうど、星が次の事業のテーマを探していた頃、僕の方は「ゲーム部プロジェクト」が勢いよく伸びていた時期だった。

「野口、最近、面白い事業領域あったりしない？」

会食の席で、星が何気なく発した言葉に、僕は軽い気持ちで「今、VTuber業界が熱いですよ」と返した。ちょうどその頃、世界初のVTuberであるキズナアイを生んだ

Activ8代表の大坂武史さんと話す機会があり、意気投合してVTuber業界の未来を語り合ったことも強く影響していた。

もともと、eスポーツの盛り上がりに注目をしていた星は、すぐに新しい事業のアイデアが閃いたという。

eスポーツ × VTuber。

これが、今の「ぶいすぽっ！」の原案だ。

興味を持った後の星の勢いは目を見張るものがあった。

星は、根っからの事業家。自分自身で企画をプロデュースし、事業を生み出すことができる天才。

「俺も本気でVTuber事業会社をつくることにした。野口と同じジャンルになるけど。

そこで、資金調達を手伝ってほしいんだよね」

僕は二つ返事で引き受けた。

「いいですね！　やりましょう。一緒に、VTuber業界を盛り上げていきましょう！」

業界に、また新しいＩＰが生まれる予感がして、僕はワクワクした。そして単純に、僕の得意なことが友人の助けになるならば、こんなにうれしいことはなかった。

観客の熱狂が、星の心を動かした

経営統合に向けての大きな契機となったのは、実際に星が、横浜でのリアルライブ『Re:Volt』に、足を運んで見にきてくれたことだ。僕は、イベントのずっと前から、星と一緒にやりたいと考えていたが、星にはいまいちピンと来ていなかったようで、いつもやんわりとかわされていた。

そんな星が明らかに変わったのが、横浜でのリアルイベントのときだった。

当時、「ぶいすぽっ！」の運営は、少人数のチーム。「ぶいすぽっ！」がちょうど伸び始め、まさにこれからという状況だった。

その頃の星は、組織を大きくしていくことや、事業を拡大するためにまとまった資金を再度集めるという点に課題を感じていたという。とはいえ、星はこれまでも何度も事業を立ち上げてはバイアウトをしているシリアルアントレプレナー（連続起業家）。事業づくりは長けているし、少人数だろうと、チームを率いて事業を推進していく能力もあった。だから実際には、「課題に感じて悩んでいた」というよりは、もともと資金集めにはそれほど興味がなかったように感じた。

『Re:Volt』の開催は、そんなタイミングだった。

VTuberが観客たちの目の前で歌い、インタラクティブに会話し、観客が熱狂するあの姿が、星の心を動かした。『Re:Volt』のライブを体験したことを契機に、自身で設定していた目標を変えたのだ。これは大きな出来事だった。

「コツコツやるのではなく、野口と一緒にスピード感を持って大きくしていくのも、面白いかもしれない」と星が言ってくれたことは、本当にうれしかった。

腹を割って、とことん話し合う

星は、『Re:Volt』の盛況っぷりだけを評価して、一緒になることを考えてくれたわけではない。「ゲーム部」という主力事業を一度失っても、また新しいＩＰをつくって這い上がっていくことができる底力のある組織だということ、また、当時のあの状況で八億円の資金調達をすることができた僕らの資金調達力も認めてくれていた。

だが、だからと言って、星のバーチャルエンターテイメント社とBrave groupとの経営統合が、すんなりといったかというと、そうではない。『Re:Volt』が終わった頃から、僕は連日、星を口説き始めた。

僕と星が組むことで、お互いの良さでお互いの弱点を補うことができると考えていた。チームとして弱点がなくなれば、強みをさらに強化することができる。

さらに、星の起業当初に僕が資金調達を手伝っていたことで、共通既存株主が多かったことも、経営統合するメリットがあるように思えた。単体で、会社としてのイグジットを目指すよりも、二社が経営統合して強みを活かして事業を大きくした方が、大きなリターンを生む可能性がある。

僕らは毎日のように連絡をとり、夜が更けても話し合った。夜の十時、十一時に集合し、朝まで話し合うということを、週に二、三回はしていたように思う。最後には肩を組んで飲んで歌って、どんな話をしていたか所々記憶がないときもある。

それでも、これからの未来の話をしているときの頭は冴えていた。

当時、先頭をひた走る巨頭二社は、三位以下を引き離しての寡占状態。

「星さん、マーケットはある！　だから一緒にやろうよ。トップ二社を一緒に追いかけ、追い抜かそう！　頼れる船橋もいるから」

あの手この手で星を口説いた。

最終的に星が決断してくれた。

「野口だったらいいよ。一緒にやろう」

星の一言に、思わずガッツポーズをした。

キーパーソンたちとの出会い

同時期に、星に加えて、Brave groupに欠かせない仲間を迎え入れることができた。現在、新役職で執行役員の金葵娟と、当時、金の下で仕事をしていた中村峰晴だ。金は現在、Brave groupの海外展開において重要な役割を担っており、中村は、スタジオとイベント事業の統括を行っている。

金とのつながりは、Unlimited時代に遡る。

実は金が起業したMateReal株式会社は、星が投資家として出資していた。MateReal社は、Palette Project（通称：パレプロ）というアイドル系VTuberを主力事業としていた。中村は、MateRealがつくっていたモーションキャプチャのスタジオの技術周りを担当していたエンジニアだ。

当時は、バーチャルエンターテイメントの「ぶいすぽっ!」もMateRealの「パレプロ」も、まだまだ小さな芽が出たばかり、という状態。高田馬場の雑居ビルに、星と金が部屋を借り、共同オフィスとして使用していた。そのオフィスによく出入りしていた僕は、金ともよく顔を合わせていたため、必然的に仲良くなった。

バーチャルエンターテイメント社との経営統合の話が進んだ際、星から「金さんのMateReal社も、一緒にやらないか?」と提案されたのは、自然な流れだった。以前から金はUnlimitedのオフィスに半常駐のような形で勤務してもらっていたし、仕事ぶりも知っている。金が入ってきてくれたら、「超」即戦力であることは間違いない。

金はすぐに快諾してくれた。

金が入ってきてくれたことは本当に幸運なことだったが、なんだか僕には必然のようにも感じられた。

一緒に仕事をしたい仲間の基準

今、Brave groupに集ってくれた仲間は、どこか運命的とも言える流れの中で出会い、ジョインを決意してくれた。この仲間たちに共通しているのは、「公私共に付き合いたいと思える仲間」、そして「心から信頼できる人間」という点だ。

それはそのまま、僕が一緒に仕事をしたいと思える仲間の基準である。
「公私共に付き合いたいと思えるかどうか」
「本当に信頼できる仲間かどうか」
この二つの基準は、僕にとって非常に重要な要素だ。

これから進む旅の途中、さまざまな困難が待ち構えているだろう。ましてや僕たちは、炎上によって一度地獄のような底辺を経験し、それでも再起を図るために奮闘し、今はさらにトップを目指して走っている。その道のりは、決して楽なものではなかったし、これからも楽な道のりにはならないだろう。重要なのは、タフな状況をも一緒に乗り越えていけるか、そして、一緒に楽しめるかどうか、じゃないだろうか。

僕は、仕事だけが人生じゃないと思っている。だからこそ、楽しみながら仕事をしたいと思っている。そのためには、仕事を共にする仲間と、仕事以外のところでどれだけ仲良くなれるかということが重要である。

矛盾しているように聞こえるかもしれないが、僕は、プライベートな時間でも、みんなとワイワイ一緒に楽しみたいし、タフな仕事も一緒に乗り越えていきたい。Brave groupはこれまで、本当に数多くの困難に直面してきた。そのたびに、仲間たちと共に困難を乗り越え、喜びも苦しみも共に味わってきた。その苦楽を心から共有しあえる仲間が集ってくれたことが、一つの奇跡なのだ。

第3章

Chapter_03

野口流
強い組織のつくり方

3

Brave groupに、今では誰一人欠くことのできないキープレイヤーたちが続々と加わってくれた。冒険を続ける上で、これ以上心強いことはなかったが、重要なのは、キープレイヤーだけではない。キープレイヤーを支えるメンバーも含めて、強い組織（チーム）になる必要がある。そして僕たちは、さまざまな会社を経営統合して大きくなっている連合軍。組織として、それゆえの難しさや困難も経験してきた。

さまざまな会社を経営統合していく際に感じたのは、どれだけ事前にすり合わせや準備をしても、異なるカルチャーの会社が一緒に仕事を行う中では、必ず混乱と軋轢が生まれるということだ。

それは、いくらトップ同士の仲が良くても必ず起こりうる。今まで行ってきた慣習やスタイルが違うのだから、仕方のないことだ。

必要なのは、その違いを認識し、お互いがある程度納得することができる妥協点を見つけるということに限る。どちらか一方に合わせることを強要するだけでは、どこかで必ず破綻が起きてしまうのだ。

星と僕は、以前から仲のよい友人関係であったが、事前のすり合わせにはたっぷりと時間をかけ、慎重に行った。また、いくら事前にすり合わせていても、実際に一緒になってみなければわからなかったことも出てくる。混乱や争点が出てきたら、その都度妥協点を見つけて改善、また別の問題が出てきたらまた改善、ということを繰り返していくしかない。それを繰り返すことで、個々の組織のカルチャーがマージ(統合)されていき、全体の仕事の快適度が高まっていく。

本章では、経営統合の中で僕が、組織を統合するために実践してきたこと、また組織を強くするために行ってきたことを紹介してみたいと思う。

強い組織のつくり方1
経営統合する会社のカルチャーをリスペクトする

Brave groupでは、新しい企業が傘下に入ったからといって、すぐにBrave groupのカルチャーやルールに従わせるようなことは絶対にしない。むしろ、ジョインしてくれる企業のカルチャーやビジョンを守ることを重視している。通常ならば、一〇〇%子会社に対して、親会社のルールに従ってもらうというのは、普通のことかもしれない。

だが僕たちは、Brave groupという親会社を主語にせず、新しくグループに入る側の企業を主語にして考えることを徹底している。グループインする側の経営陣だったらどう思うか、グループインしたときのメリットやシナジーを、どうやって感じてもらうか。

重要なのは、その企業固有のカルチャーやビジョンを尊重することで、企業の個性を生かす経営統合をすること。単に親会社のルールを押しつけるのではなく、対話を重視しながら、それぞれの企業が持つ価値を最大限に引き出していくことにある。


たとえば、二〇二三年の十一月にディーワンおよびLaRaという企業と、二〇二四年二月にはSmarpriseという企業と経営統合を行ったが、実はいまだにオフィスや収録用のスタジオなどもそのままにしている。なぜかというと、オフィスを移したり、スタジオを統合するというのは、もともとの環境からガラリと大きく変化することになるからだ。不要な変化は極力避ける。

それよりも、対話を重ねていきながら、相手にとってポジティブに変えていきたい部分、変えた方がいい部分を探し出し、そこは親会社として積極的に協力する。

それこそが、グループ全体でシナジー効果を生み出すことにつながると思っている。

実際に、グループインした会社とBrave groupのカルチャーをそれぞれ尊重したルールを設けて、うまく機能している事例もある。

たとえば、仕事を円滑に進める上で重要な、コミュニケーションの取り方について。当時、経営統合したばかりのバーチャルエンターテイメント社は、コミュニケーションはチャットがメインだった。基本的には作業スペースでは会話をしない、会議の必要性にも疑問を示す、というスタイル。かたやBrave groupは、チャットで済む内容でも、あえて顔を合わせたり、ちょっとした意見などのすれ違いを感じたら、すぐに会議をしたり、飲みに行ったりというウエットなコミュニケーションが、より重要だと考えるスタイルだった。

また、バーチャルエンターテイメントのクリエイターチームは、作業のピークタイムが夜中。深夜時間帯のコミュニケーションの頻度が一番高いなど、業務のコアタイムの違いも、コミュニケーションを難しくする一つの要因だった。社内の横断部門が、業務時間のズレや、カルチャーの違いによって起こるタスクの進め方、要望の違いなどに対応できず、疲弊してしまうということも起きた。

しかし、それぞれが、コミュニケーションに対して真逆の価値観が浸透していることを認識してからは、お互いのカルチャーを尊重し配慮した環境を意識して整えた。

その解決方法として、今はそれぞれの作業フロアごとにルールを分けている。

たとえば、社長室、会議室、その他のフリーアドレスの作業スペースなどがあるフロアは、おしゃべりOK。執務スペースでは、私語厳禁。これは、Brave groupのカルチャーとバーチャルエンターテイメントのカルチャーを統合させた形だ。社内にルールを浸透させることが簡単なことだとは言えないが、それでもちょっとした決まり事を設けるだけで、解決することができた。

もちろん、企業カルチャーの統一は、一朝一夕で実現できるものではない。本当に些細な衝突や仕事スタイルの違いが、仕事を進める上で大きな足枷になってしまう。だからこそ、お互いの考えをすり合わせるための対話が重要視される。時にはもちろん意見の衝突もあるが、それも含めて乗り越えることで信頼が深まり、組織としての強さが生まれる。

Brave groupでは、グループインから一年以上をかけて対話を重ねながら、信頼関係を築き、最適な運営体制を見つけていくことを大切にしている。

強い組織のつくり方2
「適材適所」でパフォーマンスを最大化する

新しい企業がグループジョインする際は、そのことによって「マイナスの状況」を生み出さないよう最大限の配慮をしている。提案するのは、グループジョインしたことで得られるプラスの変化だけ。

それは、良い側面だけを見せるということではなく、実際に、たとえば業務が膨大に増えてしまうような負担を負わせないということだ。

一つの例だが、スタートアップしたばかりの企業や、少人数でうまく事業が進められていた企業などは、総務や人事、財務、法務などのバックオフィスの体制が整っていなかったり、手薄になっているところが意外と多い。そんなときは必ず、Brave groupから人手を割いてサポートしたり、また新たな人材の採用を許諾するなど、経営統合することによって派生する負担を極力なくすように考えている。

経営統合にまつわるバックオフィスの業務は、非常に多岐にわたる。統合するために必要な財務報告書づくりや決算プロセスの統一、契約書や法的文書の作成、それぞれの従業員の雇用条件や給与、評価システムの見直しや統一など。

さらに現在、上場を目指すBrave groupとしてはどうしても、提出してもらう書類や対応などへの要求が高くなってしまうこともあり、ジョインする企業側からすると負担は大きい。

だからこそ、相手側はどこが手薄なのか、どの業務が負担になるのかを対話を通して確認し、その負担をBrave groupで請け負う。

傘下に入ってくれる側が、どうしたら主体的にメリットを感じ、「グループに参加してよかった」と思ってもらえるかを考え、対話をし、それを補っていくことで、少しずつ信頼関係も築いていくことができると感じている。

組織内での不和や違和感を感じたときには、それぞれの人のポジションを見直すことで、解決することもある。

人にはそれぞれ、仕事の向き不向きというものがあると思うが、不向きな仕事に従事しているときに発する違和感を見逃さず、向いていそうな仕事に携われるポジションに配置転換する。その人の最適な環境を見つけ、そのポジションに据える。それがピタリとハマったら、あとはその当事者も、周りの人たちも自然と良い流れが循環し始める。最適な環境こそが、その人本来の能力を最大限に引き出す。

組織を考える上で、僕がもっとも重点を置いているのが、「こういう組織をつくりたい」ということよりも、「社員皆それぞれが、どの仕事に向いているか」という、人の適性を重視した組織づくりだ。実際に、仕事の場で感じる違和感の正体を見つけ、「あの人はこっちかな、この人はこっちかもしれない」と、ポジションの配置転換をガチャガチャとし続けることで、業務の流れが驚くほどスムーズになった。

たとえば、三社の経営統合当初は金葵娟が、MateRealの社長にそのまま就いていたが、「もしかしたら、広報やグローバル展開の方をやってもらう方が良いのではないか?」と、金を広報兼務でグローバル展開を担うポジションへと据えた。そのことにより、金の能力が遺憾なく発揮され、グローバル化が加速したのである。今はBrave groupの海外展開において、欠かせない人物となっている。

また、人の適性や最適な環境を第一に考えた組織づくりを意識し続けていると、自分の組織づくりに関する直感力が磨かれ、その人に会ったときに適性が直感的に見えることがある。現在広報室長を務める河島未那は、入社間もない頃に、まさに「ピン」と勘が冴えた。

入社当初、河島は株式会社MetaLab（現D1-Lab）というBrave groupのグループ会社の採用だった。二〇二二年設立のMetaLabは、企業のメタバース進出を支援する企業で、設立後まもなく入ってきた河島のポジションは事業開発担当。事業の根幹を担う、重要なポジションだった。

現在のポジションに転換する前の河島と僕の接点は、入社前の最終面接一回と、入社後の飲み会、あとは毎週定例のオンラインでのミーティングという程度。基本的にリモートでの業務が多いチームだったこともあり、実際に会って話をしたのは片手に収まる。たった数回の接点ではあったが、「もしかしたら、広報の方が向いているんじゃないだろうか」と、まさに直感だった。

すぐに、当時グローバル部門と、合間に広報業務も担っていた金に相談し、それまでつくっていなかった広報室を立ち上げ、河島に異動してもらった。その采配がうまくいっていることは、社内の誰もが知るところだ。

なお、最適な仕事環境をつくるという点では、その人の適性を考えることと同じくらい、「誰と仕事をするか」という組み合わせを考えることも、人の可能性を最大化させる方法の一つだ。

すでに前職などで要職を担ってきたような人たちは、自分の仕事スタイルが確立していることがある。そのような場合、仕事スタイルの違う人同士を同じチームにするよりも、それぞれに活躍できる環境を用意する。Brave groupでは、最適な環境がない場合、会社の未来のビジョンに沿っている範囲の中で新規事業を立ち上げることもある。

以前、執行役員の森川仁史と、現在グループ会社の代表取締役をしている北祐一は同じ営業チームにいた。能力も高く、仕事ぶりも素晴らしい逸材の二人だったが、お互いがまったく違う仕事スタイル。

そこで、営業チームの牽引を森川に任せ、北には、新規事業の立ち上げのために社長室を立ち上げてもらった。異動してもらう際はまだ、新規事業について明確な方向性を決めていたわけではない。しかし、議論の中で「メタバースが熱い」という話題になり、北のこれまでのキャリアを活かして立ち上げることができると生まれたのが、株式会社MetaLab（現DI-Lab）だった。


このように、僕が「人ありき」の人事を重視しているのは、僕のポリシーに依るものだと思う。

僕自身が、事業を「自分でなんとかしてやろう」と独断的に動かしているというよりは、社員皆を信頼して、任せるスタイル。任せるならば、その人のパフォーマンスが最大化されることを優先して考えるのがトップの役割だと考えている。

その人個人が、どうしたらパフォーマンスが最大化できるのか、何がキャリアハイにつながるのかという観点と、それを組織の中のどこに当てはめるのが最適なのかという両輪を軸に考える。既存の組織の中にはまるチームがなければ、新設部署をつくってみる。

Brave groupとしての理想のビジョンがあり、その中で必要な役割を、それぞれの適性を生かして分担するような組織をつくってきた。

強い組織のつくり方3
意欲と熱意を応援し、挑戦意欲を育てる

最近、人事からの発案で「アドベンチャー制度」という上位の役職へ挑戦することができる制度を設けた。手を挙げ、社内審査を経て承認されると、一定期間、応募したチームやプロジェクトのリーダー格やマネージャーとして仕事ができるというもの。

その背景には、会社組織としてのバランスの悪さを改善したいという人事の考えがあった。現在は、このアドベンチャー制度によって、そのバランスが改善されつつあるが、以前の会社構成は、社長・役員陣の他、あとは社員メンバーが大多数という構成で、中間のマネジメント層が少なかった。そこで、会社の上層部と人事でマネージャーとなる人材を選定して任命するのではなく、自ら手を挙げて、まずはチャレンジしてもらうという試みを行った。

その制度が、想定していた以上に反響があり、現在は社内で十名ほどがアドベンチャー制度を利用して、一つ上の役職を担っている。

その後、順当に昇格するかどうかは、当人たちの頑張り次第ではあるが、会社として組織のアンバランスさを解消できるという点だけではなく、「やりたい！」と意欲を燃やす社員の熱意を応援することができるうえに、役職が人を育てていくという特典もある。アドベンチャー制度は組織を強化する一つの方法として、非常に有効な方法である。

強い組織のつくり方4
人間関係を構築する「腹を割った対話」

組織づくりに限ったことではないが、人と人が一緒に仕事をする上で何よりも大切なことは、人間関係の構築だ。人間的に仲良くなることが一番大切なことである。

僕のコミュニケーションの方法は、どちらかというとウエット。さらに、人とのつながりをつくるには、昼間に会議を百回するよりも、夜に一度飲みに行く方が効率的だと思っている。

もちろん、お酒の席だけが、人との関係性をつくるための唯一の方法ではない。重要なのは、相手と腹を割って話しやすい対話の形を見つけること。

僕の場合は、どうしても酒席が多くなりがちであるが、お酒が飲めない人とはお酒がなくても楽しめる食事を、ゴルフが好きな人とはゴルフを、というように相手によって変えている。さらに、対話したい相手にとって心地よいと思えることに寄せるように意識している。

また、一対一ではなく、複数人での食事やゴルフなどの場合は、集めるメンバーの組み合わせにも気を配る。メンバー同士の相性や、話しやすい雰囲気をどうつくるか、どうやって紹介するか、どうやって仲良くなってもらうか。食事の席などでは、誰がどこの席に座るのかということも、僕自身で事前に決めておく。

たとえば、僕の実家の鮨屋の場合は、カウンターの八人並び席。よく会話をする人には端に座ってもらい、全体に会話が流れるような会にしたり、関係を築いてほしい人同士を隣にしたり。また、普段あまり喋らないような人は、僕の横の席にして会話が弾むようにサポートをしたり。座席決めは、参加するメンバーの性格などをもとに、会話がどう飛び交うのかをイメージして細かく決めている。

以前、実家の鮨屋を貸し切って、バックオフィスのチーム五名と僕を含めた役員二名で食事をしたことがあった。皆で鮨を食べ、お酒を酌み交わす会だ。

会社の中では、ＩＰ運営、またグローバル部門などの事業サイドは花形で、管理部門などのバックオフィスチームは、どちらかというと裏方。しかし、上場準備に海外展開のための管理業務、数の多い子会社など、日々の業務は膨大。そこで、日頃の労いの意味も込めて、僕のポケットマネーで貸切食事会を企画した。

チームの皆での食事会は、予想以上に良い機会となった。

皆、酒好き、美味しいもの好きということもあったが、人事部長が企画した食事会の裏テーマのおかげで、役職に関係なくチームメンバー全員が本音で話し合えた貴重な機会となった。

そのテーマは、「今、自分がBrave groupの社長になって、一つだけ絶対に意思決定することができるとしたら、何をするか」

自社の社長や役員を前に、なかなか発表しにくい内容のように思えたが、こちらがびつくりするほどさまざまな本音を聞くことができた。

普段、会議室で一人ずつ発表するような会議では、聞くことができないような貴重な内容。そのような、かしこまった場では出てこない意見が、会議室を飛び出すと、どんどん出てくる。社内の忌憚ない意見にこそ、組織が強くなるためのヒントが詰まっていた。

社員には、意見を躊躇なく言える人、言えない人、いろんなタイプの人がいる。また、言いにくい雰囲気を感じる場だったり、会議で重役たちの前だと話せなくなるという人もいるだろう。実際に、実家の鮨屋での貸切食事会では、お酒が入って砕けた場になっているからこそ言えたというメンバーは意外と多かった。

今は、「飲みニケーション」は敬遠されると言われているが、僕は肯定派だ。もちろん強要されて、つまらない場に参加する必要はまったくないし、企画者は皆が楽しめる雰囲気づくりを意識する必要がある。しかし、お酒が入ったような砕けた空間だからこそ普段と違うコミュニケーション、距離感をつくることができるのも確かだ。

また、伝えたい要件を、メールで済ませるのと、会って話すのでは、そこから生まれる関係性がまったく違う。もちろん、内容の重要度によって使い分けるのは当然だが、僕は社内では、メールやチャットで済む要件でも、わざわざ相手がいるフロアに赴き、顔を合わせて話すようにしている。要件以外の余白も、関係性を築くには重要だと思うからだ。

さらに、ただ顔を合わせるよりも、一緒に飲みに行った方が、関係性を深めるには何十倍も有効だ。社員に限らず、僕は株主や親しくしている先輩たちも、ほぼ「飲み会」で仲良くなっている。そこで得た関係が仕事にも生きているのを実感している。マンガ『課長 島耕作』や、『サラリーマン金太郎』で描かれるような、昭和な営業サラリーマンのように、楽しい場を設けて、その人の懐に飛び込んでいくのは、とても重要なことなのだ。

こういったお酒が入った食事会では、仕事が一割、残りの九割がプライベートな会話だ。とはいえ、きっぱりと分かれるものではない。さらに、僕の周りには割とハードワーカーが多く、プライベートな話題から、いつの間にか仕事の話になっていることもしばしば。仕事がライフワーク、仕事が趣味という人たちとの会話は、仕事上でのざっくばらんな話が多い。

少し前に、グローバルのチームを担当している金葵娟と武田豊の三人で、韓国出張に行ったときの食事でのこと。現地でさまざまなVTuber事務所を訪問し、現地での盛り上がりを目の当たりにした僕らは、チャミスルを飲みながら語り合った。現地での盛り上がりに刺激され、アイデアも会話も弾み、その会話がきっかけで、実際に海外事業の立ち上げにまで発展した。

お酒の場は、とにかくノリ良く、会議室での会議のような、真面目な場ではなかなか発言しにくいようなアイデアもどんどん出る。

皆で飲んでいる場の方が、発想や会話の内容が柔軟になるので、行き詰まったときは、会議室を飛び出てみることも重要だと考えている。

強い組織とは何か？

強い組織とは、一体何だろうか？　統制の取れた組織であるという会社もあれば、個々人の強い競争力で売上を伸ばす会社、チーム力を活かした会社、さまざまな考え方があるだろう。

僕が考える強い組織は、一人ひとりが適性にあった仕事に就き、能力を最大限に発揮できる環境を与えられる組織ではないかと思う。そこに、個人の「やりたい！」という思いが加わっていれば、人は自走し始める。

僕はBrave groupを、一人ひとりの「やりたい！」を実現するための、挑戦できる場にしていきたいと考えている。

自ら手を挙げてチャレンジできる「アドベンチャー制度」や、メンバーと相談しながら、新規事業の立ち上げを積極的に行っていくことも、その一環である。もちろん、新規事業ならなんでもＯＫという訳ではない。あまりに「飛び地」の事業では、使う脳と筋肉が違うことから生まれる難しさがあるため、新規で事業を立ち上げる際には、基準となる「軸」を設けている。その軸とは、「既存事業の周辺領域」「これから伸びる可能性がある市場」「海外展開できる可能性がある」の三つである。この三つを軸にグループ戦略を考えていくことで、今はそれぞれが「点」としての事業であっても、いつか、点と点が繋がって「線」となっていくときが来ると考えているし、その兆しを感じている。

メンバー個々の「やりたい！」が実現し、それぞれが線で繋がってシナジーを生み出すことで、さらに組織が強くなっていくという循環が生まれる。だからこそ、「人ありき」で組織を考えていくことが重要なのだ。

その中で、経営者の役割とは、会社の大きなビジョンを見据えながら、会社の方向性とメンバーのキャリアハイの実現をとことん追求していくことなのだと思う。

第4章

Chapter_04

僕のビジネスの原点
人との出会いの中で
学んだこと

4

ここまで、「ゲーム部プロジェクト」の炎上で収益ゼロから立て直しまでの経緯、また僕の仕事に対する考え方や実践してきたことをお伝えしてきた。だが、僕は最初から完璧に経営ができたわけでも、組織づくりがうまかったわけでもない。

実際は、僕自身の大小合わせた多くの失敗の中から学んできたこと、また先輩たちからの助言や、時には先輩たちの実体験による成功談、失敗談からの教訓を糧に、自分らしい経営スタイルを模索してきた。

会社を経営するということは、企業の規模に関わらず、組織を率いることの大変さ、事業を大きくしていくことの難しさ、予測できていなかったトラブル、書ききれないほどのたくさんの課題に向き合わなければならない。そして、課題に直面するたびに一つ一つのことと向き合い、学び、成長し、走り続ける必要がある。

起業したばかりの頃は、事業がうまく立ち上がらない、組織のつくり方がわからない、採用の仕方がわからない。できないことだらけの、どちらかというと冴えないベンチャー起業家だった。

そんな僕が、今はこうして三百名以上のメンバーが働く会社の経営者として、会社を率いていくことができているのは、育ててくれた先輩たちのおかげである。

本章では、多くの先輩たちからいただいた助言や支え、出会いのエピソードを紹介したいと思う。多くの人の支えと応援のおかげで、今の僕ができている。

「学生起業」という選択肢を示してくれた先輩

尊敬する先輩は数多くいるが、ビジネスの面でも、プライベートでも、一番強く影響を受けたのは、株式会社ウィルゲートの小島梨揮さんだ。

僕は、中学生くらいの頃から「早く経営者になりたい」という漠然とした願望を持っていたが、「学生起業」という選択肢があることを明確に示してくれたのは、小島さんだった。

きっかけは、高校時代のクラスメイトが、学生起業をした四つ上の先輩のことを教えてくれたこと。それが、ウィルゲートの小島さんと共同創業者の吉岡諒さん。

二人は小学生時代からの友人同士で、高校を卒業した三日後に共同で起業したという。

苦労も多々あったということは知り合ったのちに知ったが、小島さんが慶應の学生だった二十歳の頃には、すでに会社の社員も五十～六十人、インターンを入れると百名規模の組織に育て上げており、高校生だった僕は、十代という若さで会社を立ち上げ、百人を超える規模の会社を経営しているその姿がとにかくカッコよく思えて、一方的に憧れの念を抱いていた。

当時十六歳、まだ世間のことをよく知らなかった僕は、「社長」といえば、五十～六十代のおじさんというステレオタイプなイメージしか持ち合わせていなかった。そんな中、学生起業をし、さらに会社を百人規模の組織に育て上げ、その上、渋谷に事業所を構えている人がいると知ったときは、強い衝撃を受けた。

会ったことのない先輩だったが、僕にとっては神様のような、カリスマ的な存在。いつか会ってみたいと密かに思っていた。

初めて小島さんと会うことができたのは、僕が起業したのと同年の二〇一一年。小島さんの存在を知ってから、四年ほどが経った頃。僕が、慶應義塾大学の三年生のときだ。慶應高校そして慶應義塾大学でも先輩後輩というつながりもあり、出会ってすぐに意気投合した。

慶應の付属上がりと聞くと、一般的には裕福な家庭の学生が多いイメージがあるだろうが、学生時代の僕は本当にお金を持っておらず、ほとんど毎日同じ服を着て過ごしていた。それを見ていた小島さんは、あるときから僕に、三ヶ月に一回、シーズンごとに服を買ってくれるようになった。小島さん自身が、いろんな先輩たちに助けられて今があるということを常々話してくれていたので、今度は後輩の僕に、という思いがあったのかもしれない。僕はありがたく服を買ってもらい、春夏秋冬一年中、小島さんが買ってくれた服を着て過ごした。

いろんな場所に連れて行ってもらい、いろんな経験をさせてもらった。

さらには、当時のVapesに出資を決めてくれて、事業内容をペットビジネスにピボットしたタイミングでは、小島さんの親族がペットビジネスの会社を経営しているということで、具体的なアドバイスも随分してもらった。

一番時間を共にして、公私共に影響を受けたのが、小島さんだ。

人生の師匠　生き様を学んだ先輩

小島さんともう一人、人生の師匠として生き様を学んだ先輩がいる。

西木隆さん。個人投資家であり、現在は上場企業の社外役員を複数社務める、熱い心を持った頼れる兄貴のような存在だ。

初めてお会いしたのは二〇一五年、小島さんに呼ばれた食事会だった。西木さんは、もともと外資系金融畑をずっと歩いてきた、知る人ぞ知る個人投資家で、ウィルゲートの経営が苦しかった時期に支援し続け、窮地を救ってくれた投資家の一人だと聞いていた。小島さんにとっての恩人であり、頼れる大先輩。現在もウィルゲートに出資して、社外取締役を務めている。

西木さんはとにかく、義理人情と男気に溢れた人だ。僕が、「男気がある」と言ってもらえるのは、間違いなく西木さんからの強い影響によるものだろう。

ダサいことをしてはいけない、人として真っ当であるべきという姿勢。その生き様や人間性に強く惹かれた。

三人でよく飲みに行った。小島さんが結婚してからは、西木さんと僕の二人だけでの会食の場も多くなった。お酒を酌み交わしながら、僕自身のこれからのことや夢、西木さんの内に秘める思いなどを語り合う時間は本当に楽しくて、そして西木イズムとも呼ぶべき西木さんの哲学を、とことん吸収したいと思った。

西木さんとは、一緒にエンジェル投資を行う仲でもあった。

僕の起業一社目のVapesは、それなりに成長していたものの、経営者としての未熟さを痛感した僕は、スタートアップの経営者が事業を大きくしていくケーススタディをできるだけたくさん、間近で見たいと思い、エンジェル投資を始めた。情報を得る、ビジネスを学ぶという点で、投資家という立場は非常に有用だった。

一方、西木さんは、自身の生涯のテーマとして、「起業家育成」や「若手の応援」を挙げていた。ただ、ベンチャー企業界隈の最新の情報を得ることや、今どこが注目を集めているのかといったトレンドへのアンテナは、若手であった僕の方が長けていた。ターゲットは、シードラウンドを中心とするスタートアップベンチャー。

そこで、僕がベンチャー企業での投資先候補のソーシング（選定）を行い、一緒に出資を行った。僕の分析力を信じて、同じポジションに立って、その会社に懸ける。僕は、信じてもらえたことがうれしく、またその信頼を裏切らないように必死だった。

僕は当時、二十四、五歳で、西木さんは僕の二まわりほど年上であったが、信頼関係や絆に、年齢はまったく関係なかった。

実のところ、ベネッセに売却したVapesが、順調に事業を展開することができた暁には、西木さんと組んでベンチャーキャピタル業で起業することも視野に入れていた。いろんな企業を見て、分析し、事業を大きくするための支援は好きであるし、何より西木さんと一緒に動くことができたら、どんなに楽しく、夢中になって仕事をすることができるだろうとワクワクした。

それぞれ個人として行っていた投資活動を法人化させ、何十億単位でのベンチャーキャピタル・ファンドをつくってみたいと思っていた。そして、すぐにでも実現できそうなほど具体的に、西木さんと夢を語りあった。

「何かあったら俺が尻を持つから」

思い描いていた未来図は、炎上事件をきっかけに崩れ去った。

ベンチャー・キャピタルどころではない。二〇一九年の冬、ゲーム部プロジェクトの炎上を受けて、僕は運営会社であったUnlimitedの社長になることを決意した。人生を左右するような大きな決断。ただ、その決断によって迷惑をかけてしまう人もいる。僕は、西木さんに連絡した。

西木さんから指定された場所は、赤坂のＡＮＡインターコンチネンタルホテル東京のカフェ。

炎上の経緯や、Unlimitedの社長になろうと思っていること。西木さんと共に行っているプロジェクトなどもストップして、事業の立て直しに集中しようと思っていること。ベネッセにもなるべく円満に、卒業させてもらえるように話をつけて、グループを抜けようと思っていること。そして、将来的に一緒にベンチャーキャピタルを行うという話は、今は考えられなくなったこと。

僕は、正直に考えていることをすべて話した。

「野口ちゃんはまだ若いし、投資側にはいつでもなれるから、その決断でいいんじゃないか」

西木さんは、拍子抜けするほどアッサリと、僕の決断を応援してくれた。

西木さんなら、間違いなく肯定してくれるだろうとは思っていたが、それでもやはり迷惑をかけてしまうことについては、多少の苦言を呈されるかと覚悟もしていた。しかし、そんなことはおくびにも出さない。それどころか、全力で僕の背中を押してくれた。

「何かあったら俺が尻を持つから、最大限やってみな」と。

僕を信頼しているからこその言葉が、胸に響いた。

ちょうどその時期は、自分が社長になる決断をしたはいいが、会社を存続させるために、毎月個人資産から資金を捻出したり、利用できるツテをすべて辿って、個人投資家からの出資を募ったりと、なんとか首の皮をつないで会社を存続させていた状況。実際のところ、その時期は常に資金繰りと資金集めに頭を抱えていた時期だった。

西木さんは、「野口が本気でやるんだったら応援するよ」と、出資についても提案してくれた。事業内容も見ず、事業に対しての意見もしない。「野口がやるから」という理由だけで、大型の出資をポンっと決めてくれた。さらには、出資をしてくれる可能性のある知人たちも紹介してくれた。その中には、「西木さんの紹介だから」と、事業の資料をまったく開かずに、西木さんへの信頼だけで、同じように大型の出資を決めてくれた人もいる。

人を紹介するというのは、そう簡単にできることではない。特に、お金が絡んだ話ならばなおさらだ。紹介した責任というものが生じるし、僕自身、何度も失敗したことがある。

であるにも関わらず、炎上したばかりの、これからまだどうなるのかわからない会社に、本人を含めた西木さんの知人たちは、次々と出資してくれた。

西木さんの期待と信頼を感じ、僕は武者震いがした。

これはもう、出資してもらったお金は死んでも返すしかない。

「何かあったら俺が尻を持つから、やってみな。もしダメでも、野口ちゃんなら、また立ち上がれるでしょ」

頼れる兄貴のこの言葉は、当時の僕の心の拠り所であった。

東大起業サークルＴＮＫから広がった縁

僕は学生時代、東大起業サークルＴＮＫに所属しており、そこは起業家を目指す学生たちがこぞって集まるような、それなりに名の知れたビジネスサークルだった。志の高い学生が多く、そのほとんどが起業を目指していたし、実際に起業して活躍している先輩たちが何人もいる。歴代、サークルの代表を務めていた先輩には、錚々たるメンバーが揃っている。

優秀な先輩たちが次々と世間から注目され、ベンチャー社長として華々しく活躍していた。

東大起業サークルＴＮＫのことは、高校生のときにその存在を知り、大学に入学したらすぐに、そのサークルに入ることを決めていた。

ビジネスについて何の知識も持たなかった僕が、経営の基礎を身につけることができたのは、やはりTNKに所属していたからだ。そして、そこでできた繋がりもまた、僕にとっての財産である。

育ててくれた恩人　ナイル高橋飛翔さん

TNKの中で、もっともお世話になったのは、二〇二三年末に東京証券取引所グロース市場に上場したナイル株式会社の高橋飛翔さん。高橋さんはTNKの二期生の代表で、僕たちの代の四つ上の先輩だ。

TNKはOBOGとのつながりも強く、僕は大学二年生のときに、ナイルで半年間インターンをさせてもらった。机上の勉強だけではなく、実際のビジネスや営業のノウハウを学ぶことができたのは、ナイルでインターンを経験することができたからだ。当時のナイルは、WEBマーケティングやSEO対策を事業としており、僕はその営業として活動した。実際、社員の人たちを抜いて、ナンバーワン営業になったこともある。

僕が起業に踏み切ったのも、半年間ではあるが、ナイルで営業の経験を積み、実績を出すことができたという自信が得られたからだ。

僕は高橋さんに、自分の起業についてのプレゼンをした。まだまだ未熟な事業計画書に、未熟なプレゼンだったが、高橋さんは真剣に耳を傾けて、そして起業資金を投資してくれた。初めての起業に背中を押してくれたばかりでなく、起業後、最初に仕事をくれたのも高橋さんだった。

学生時代につくったつながり

起業前の学生時代、僕は貪欲に経営者の人たちとのつながりを持ち、話を聞きに行った。会社をつくるだけならば誰でもできる。目標は、立ち上げた事業を順調に拡大させ、最年少で会社を上場させること。先輩経営者たちから知恵を学び、経験を積むためにインターンの場を求め、とにかくたくさんの経営者に会った。目標につながることならば、何でもしようと思った。

TNKの先輩に頼み込んで、知り合いの経営者を辿ることもあったし、日々人と会っている中で知り合いの輪が広がり、そこから別の経営者との出会いにつながることもあった。遠慮もなしに紹介をお願いすることに、図々しいと思われることもあっただろうが、そんなことは気にもせずに、いつも「誰か社長の知り合いがいたら、紹介してほしい」と周りに言って回った。

出会いというのは、どこにチャンスが隠れているかはわからない。たまたま行った飲み会で、自分の人生において重要な人物に出会うかもしれないし、誰が運命の人との縁を繋げてくれるかもわからない。

僕はとにかく、多くの人に会った。この頃の僕は（今もそうだが）、人に誘われて断った記憶がない。既に予定が入っていない限り、食事や飲み会の誘いにはすべて参加した。

グリー田中さんとの出会いから業務提携につながるまで

影響を受けた先輩経営者はたくさんいるのだが、グリー株式会社（現グリーホールディングス株式会社）の創業者である田中良和さんとの出会いもまた、僕にとっては大きな出来事だった。

田中さんと初めて会ったのは、二〇一〇年、田中さんは神様のような存在。たまたま同じ会に参加してはいたが、僕が直接声をかけられるような存在ではなく、遠巻きにそのお姿を拝むような程度だった。

初めてお会いしてから、四、五年は、僕が一方的に知っているだけの憧れの存在だった。

ゆっくりと話ができる機会は突然やってきた。

二〇一五年、Vapesでのペット事業が少しずつ伸び始めていた頃だ。僕の起業家の友人が、田中さんと親しくしていて、僕が田中さんと話したがっているということをそれとなく伝えてくれたそうだ。

「じゃあ、今度食事会に呼んでよ」ということで、それを最初のきっかけにして、そこから田中さんと若手起業家の定例食事会がスタートした。定例の食事会は、三ヶ月から半年くらいの間に一度のペースで開催された。

最初はただただ、憧れの大先輩である田中さんと食事をして、ほんの少し仕事の相談をさせてもらう。それだけで本当にありがたかった。

出資してもらうわけでも、仕事で絡んでいるわけでもない。たまに会って、仕事のアドバイスをもらいながら食事をするという関係。田中さんも、本当に後輩思いの人で、僕が自分の事業の売却を考えていたときには、可能性がありそうな知り合いを紹介してくれた。

そんな関係がずっと続いていた。

定例の食事会を続けていたある日、田中さんが「野口くん、最近は何してるの?」と話題を振ってきた。定例の食事会を続けて三年ほどの二〇一八年初頭。初めて会ったときからは、八年が過ぎた頃だ。

その頃は、僕がベネッセグループで、グループ会社のVapesの社長を任されていた時期。またVapesとは別に、VTuber業界に可能性を見出し、上西と共に株式会社バーチャルユーチューバー(現Brave group)を設立したばかりだった。

僕は田中さんに、VTuber業界に魅力を感じていること、また共同創業をしたばかりだということを話した。

田中さんの反応は、いつもとは違った。

「うちもVTuber事業には大きく投資しようと思っているんだよね。その事業、すごくいいと思うよ」

田中さんが、初めて僕の話に、まさに身を乗り出すように興味を示して聞いてくれた。田中さんに、仕事の話で食い付かれたのは初めてだ。これは、VTuber業界はこれからもっと熱くなるに違いない。僕は確信した。

そんな田中さんとのやりとりがあった一ヶ月後の二〇一八年の四月五日に、ビッグニュースが飛び込んできた。

【グリー、バーチャルYouTuber特化型のライブエンターテインメント事業を開始 ～バーチャルYouTuberの発掘・育成や関連事業を通じ市場拡大に100億円規模を投資～グリー、バーチャルYouTuberの新会社設立　一、二年間で百億円規模を投資】

百億円！　その投資予定額に驚いた。

田中さんが話してくれたのは、このことだったんだ！

僕は即座に連絡をした。動き始めたばかりの株式会社バーチャルユーチューバーに出資をお願いするためだ。

田中さんは、すぐにVTuber事業を担うグリーの子会社Wright Flyer Live Entertainmentの荒木英士さんに繋いでくれた。後に、ゲーム部プロジェクトの大炎上の窮地を救ってくれる荒木さんだ。


その頃の株式会社バーチャルユーチューバーは、ちょうど田中さんとの食事会があった時期に、ゲーム部プロジェクトの一本目の動画を世に送り出したところ。僕たちが、まさにこれから本格始動というタイミングでの、グリーのVTuber業界参戦の発表だった。

そこから、バーチャルユーチューバー社と、グリーの百パーセント子会社である株式会社Wright Flyer Live Entertainmentが資本業務提携をリリースするまでの期間は、半年程。異例の速さで発表までにこぎつけたのも、連日議論を重ねて話し合いを行った結果だ。

議論を続けている間にも、勢いよく伸びていたゲーム部プロジェクトは、あっという間にチャンネル登録者数十万人を超え、他にも「道明寺ここあ」や「あおぎり高校」のデビューがあったりと、僕たちの方も順調に伸びていた。

二〇一八年十月三十日、Wright Flyer Live Entertainmentとの資本業務提携契約の締結を発表。

一部のプロジェクトでの業務提携ではなく、バーチャルユーチューバー社の会社の経営全体へのサポート。会社の収益源であったゲーム部プロジェクトのグロースから、株主となる企業の紹介や仲介、各事業へのアドバイスや、経営についての壁打ち議論。

一つの業務を一緒にやっていくということではなく、大きな株主の一人として、そして頼れるメンターとして、会社全体へのサポートという内容の資本業務提携契約だった。

その資本業務提携の発表から約二ヶ月後に、僕たちは社名を「Unlimited」に変更。

それからは、荒木さんが僕たちのメンターとして、そして時には経営陣のように自分ごとで取り組み、真剣に向き合ってくれた。UnlimitedとWright Flyer Live Entertainmentとの二人三脚での経営。

Brave groupの礎となるVTuber事業が、大きく前進する出来事だった。

これまでも、人が人との縁を運んできてくれた。引き寄せの法則を信じたくなるような出会いがずっと続いている。僕は、人とのつながりで生かされ、今のこのポジションにいることができるとつくづく思う。

第5章

Chapter_05

少年時代に培った反骨精神

5

幼少の頃から備わっていた強い自我

僕の、世の中に対する反骨精神や、『何者かになってやる！』という思いは幼い頃に醸成されたように思う。それは元から持ち合わせていた負けず嫌いな性格と、多感な中学生時代に経験したカルチャーショック、そして初めて感じた劣等感によるものかもしれない。

本来の性格と身を置かれた環境が、今の僕を生み出した。

生まれは東京・北区の赤羽。千円でべろべろに酔える「せんべろ」の聖地と呼ばれる赤羽には、数多くの居酒屋などの飲食店が立ち並び、戦後間もない頃に発足したといわれる赤羽一番街商店街は、今も昭和の風情が漂っている。

実家はその赤羽の地で、曽祖父の代から続いている鮨屋だ。僕の父がその三代目、そして今は、僕の弟が四代目を継ごうとしている。

家族代々、皆赤羽小学校に通っていたという根っからの地元民だ。

実家の鮨屋は長く続いていることもあり、赤羽ではちょっとした有名店。祖父は赤羽一番街商店街の取りまとめ役を務めるなど、地元の名士だった。

僕はそんな祖父にとっての初孫で、ずいぶん可愛がってもらった記憶がある。お店の常連さんたちは、僕を見るとお小遣いをくれたり、街を歩けば、顔見知りの商店街の人たちがお土産を渡してくれたり。人情味溢れる小さなコミュニティの中で僕は、ちょっと目立った存在で、そして地元の人たちからたくさんの愛情を受けて育った。

ただ、鮨職人として忙しかった父とは、会える時間が限られていた。月に会えるのは二回ほど。二十四時間三百六十五日鮨を握るか、鮨のことを考えている人で、いつも帰りは僕らが寝静まった頃。店を閉めて、片付けをして、帰宅するのは深夜の二時過ぎ。朝は大体十時か十一時。日によっては、早く起きて河岸や朝市に行くこともあるが、基本的には僕とはすれ違いの生活だった。

お店の定休日である月曜に、父が付き合いや友人たちとの飲み会が入っていなければ、久々に会えるという程度。愛情を感じなかったわけではないが、子育てに関しては母親に一任していた。

幼稚園は、教育熱心な親たちの間で評判だった地元の幼稚園。クラスの中では身長が高く、運動も勉強もそれなりにできる僕を見て、母親は小学校受験を決意した。高卒で鮨屋に入るという道以外にも、人生の可能性を開いていける力があると思ったからだと、あとから聞いたことがある。

息子の未来の可能性を広げたいという母の愛情は、今なら理解できるのだが、当時は、行きたくもない受験用の塾に入れられ、通うのが嫌で嫌で仕方がなかった。

何校受験したのかは覚えていない。ただ、筑波大学附属小学校を受けたことは、今でも覚えている。受験は、体操やペーパーテストに、制作。ちょっとした口頭試問もあったかもしれない。熊歩きや、パズルを積み上げたような制作などが課題だった。僕にとっては簡単なものばかりで、幼心に「こんなので、落ちるなんてあるのかな」と考えていた。生意気に聞こえるかもしれないが、小さい頃から、よくできる子だった。

自分の感触通り、試験の結果は合格。

筑波大学附属小学校の受験は第三次選考まであり、第一次選考が抽選、第二次選考が体操やペーパーテストなど。その関門を通り抜けると、また抽選の第三次選考がある。

ただ、第二次選考を通り抜けることができるのは男女各百名ずつ。例年四千人前後の小学生が受験する中、そのほとんどが第二次選考で振り落とされてしまう。だから、第二次選考を通過することができたということは、一つの実力の証明とも言えた。

第二次選考合格の通知を受け取った母親が、泣いて喜んでいた姿をいまだに覚えている。当時年長だった僕は不思議とその姿を見て、「これは効果があったな」と思った。

僕は母親に話をした。地元の友達と離れたくないこと、赤羽から電車を乗り継いで遠い小学校に通うことは考えられないこと、そして、どのような言葉で伝えたかは忘れたが、第二次選考を通ったということで、満足したでしょう、と。

筑波大附属小の第三次選考の抽選会には、行かなかった。

「成功者」への憧れの芽生え

口が立つ生意気でやんちゃな僕は、地元の小学校でも中心的なポジションにいた。

小学生の頃は、これと言って特別にやりたいことがあったわけではなく、仲のいい友達がやっている習い事に、僕も一緒に通うという感じだった。習字、そろばん、少年サッカーチーム。だいたいのことが、やれば何でもできてしまう。今考えると嫌味な奴だったと思うが、僕の周りにはいつも友達が集まっていて、何不自由なく楽しい小学校生活を送っていた。

その頃の僕の将来の夢は、鮨職人になること。小学校三年生頃までは、毎年七夕の短冊に書く願い事に、「将来はおすしやさんになりたい」と書いていた。

その夢が変わるのは、小学校四年生に上がる頃だ。その年の七夕の願い事は、「医者になりたい」と書いていた。別に、医療で人を救うことに目覚めたわけではない。当時考えていた「偉い人」が、医者だったからだ。その頃から、ぼんやりと「成功者」への憧れが芽生えていた。

それに、鮨屋を継ぐという選択肢が目の前から消える出来事もあった。

僕には二歳年下の弟がいる。弟の野口伊織は、幼少の頃から鮨屋を継ぐ要素が満載。まだ祖父が元気だった頃のことだ。弟は小学校に入ったばかりで、僕が三年生の頃、祖父は僕と弟を呼び寄せ、二人を鮨屋の調理場に立たせた。「ちょっと魚をさばいてみろ」と言って、僕たち二人にそれぞれ包丁を持たせた。

もちろん魚なんてさばいたことはない。鱗も内臓も気持ち悪いし、扱い方もよくわからない。僕は触るのが嫌で戸惑っている横で、なんと弟は、バンと魚の頭を切り落とし、なんとなく魚をさばいていく。天性の才能だと思った。魚さばきの天才少年。

僕はこのときに、絶対に鮨屋にはならないと決めた。

おじいちゃんの願いで、慶應義塾中等部へ

サッカーや習い事、友達と遊ぶ、を毎日のように繰り返して楽しく過ごしていた小学校四年生のとき。それまで一緒に遊んでいた仲のいい友達が、次々と赤羽小学校の裏にあった日能研に通い始めた。放課後に遊びに誘うと、「ごめん今日塾なんだ」と断られるようになった。

遊ぶ友達がいないのはつまらない。それに、塾ってどんなところなんだろう。好奇心が強い僕は、友達について日能研に行ってみた。塾の校舎の中を眺めると、その廊下に

バーッと張り出された順位表を見つけた。学校名を見ると、僕たちが通う赤羽小学校だけでなく、近隣の他の小学校や、埼玉県内の少し離れた小学校の名前もある。「へぇ、面白そうだな」

家に帰って母親に話をしたら、「あんたも試しに行ってみたら？」と勧められた。準備もせずに受けた入塾テストの結果も、あっさりと良い点を取れたこともあり、僕は「塾は友達と行ける楽しい所」くらいの考えのまま入塾した。

しかし入塾テストと、塾の定期テストは別ものだ。「どうせ、ある程度点数は取れるだろう」と高を括り、あまり勉強をせずに受けたテストは惨敗。学校では、僕が一番頭が良いと思っていたのに、塾の順位表では、仲良しの友人たちが僕よりもずっと上の順位にいた。いくら仲の良い仲間でも、負けるのは非常に悔しかった。

負けず嫌いの性格に火がついた。

そこからは毎日、死ぬほど勉強した。塾が生活の中心。友達と遊ぶこともちろんあったが、塾に行って勉強する時間の方が、圧倒的に長かった。

小学六年での中学受験では、第一志望には落ちてしまったものの、他にも進学校で知られる中学や、慶應義塾中等部に合格することができた。僕はその結果を見て、進学校に進もうと迷わず決めていた。

その決断に父親は何も言わず、母親は絶対に慶應に行ってほしいと懇願している。しかし、小学校受験で懲りていることもあり、母親の意見はあまり重視していなかった。

そんな中、祖父が珍しく口を出してきた。とても可愛がって育ててもらった僕は、大のおじいちゃん子。いつでも優しく見守って、僕の意見を尊重してくれる人だった。

そんな祖父が、「頼むから慶應に行きなさい」と言ってきた。祖父は加山雄三の大ファンで、加山雄三は慶應ボーイ。それに、赤羽小学校の歴史の中で、これまで慶應に受かった生徒がいたなんて聞いたことがない。祖父に、「俺の孫は慶應に行ってるんだ」と自慢させてほしい、と。

祖父の願いなら、叶えないわけにはいかない。慶應義塾中等部への入学が決まった。

初めての父のスーツ姿

慶應に行くことを決めてからは、商店街中が、「嘘だろ⁉」といった感じで、大騒ぎだった。祖父も鼻高々で、そのうれしそうな姿に僕もうれしくなった。僕は慶應のことなどよくわからず、母親に「どうしても記念に受験して」と言われ、渋々受けただけの学校だったが、祖父の誇らしげな姿を見ることができたのは満足だった。

余談だが、僕が父親のスーツ姿を初めて見たのは、慶應義塾中等部の親子面接のときだ。子ども面談は、僕がいうのもなんだが、完璧にできた。子どもの次は親が話すのだが、父親も母親もガチガチに緊張している。最初に話し始めた父親は、鮨屋のカウンターで、お客さんと話をするような板前のノリで、それを隣で見ていた母親はギョッとした顔をしていた。面接官から、お子さんの長所と短所を教えてくださいという質問にも、「こいつぁ、昔っからちょいと……」なんて話し方で、僕は心の中で、『これはダメだろう、おやじ』と苦笑いだった。

父親の様子を見て焦ってしまった母親も、緊張が増してしまいうまく話せずに終わった。
その失敗があったからこそ余計に、親にとっては、慶應の合格通知に驚きと喜びが強かったのかもしれない。

井の中の蛙だったことを痛感させられた慶應

慶應の中等部は、小学校にあたる幼稚舎から上がってくる人たちも多く、すでに内部生のコミュニティができている中に、外部からの受験組が入っていくというような雰囲気があった。さすが名の知れた、お坊ちゃま、お嬢さま校。みんな良家のご子息、ご息女といった様子で、僕はなんだか居心地の悪さを感じた。

入学式から一週間ほど経っても、その居心地の悪さは変わらない。赤羽の、雑草魂を持った友達のノリが懐かしかった。

赤羽というのは東京の僻地で、僕は井の中の蛙だったということを知った。慶應のクラスには、百メートル走のタイムが無茶苦茶に速い生徒、英語がペラペラの生徒、他にも突き抜けた才能を持っている人たちが何人もいた。僕がいかに狭いコミュニティの中で生きていたのかということを痛感させられて、慶應に入らなければよかったと本気で思った。

お昼は、毎日お弁当を持参する。皆、手の込んだ豪勢なお弁当や、中には料亭のお重のようなお弁当を持ってくる生徒もいた。そんな中、僕は一人、学校を抜けてコンビニに買いに行き、体育館の裏で惣菜パンやおにぎりをかじり、またクラスに戻るというお昼休みを過ごした。コンビニでの買い食いを禁止されているということもあったが、豪勢なお弁当を食べているみんなの中で、コンビニで買ったパンやおにぎりを食べるのは恥ずかしかった。

実家が飲食を提供しているお店だといっても、父親が、子どもの弁当をつくる余裕なんてない。母親も店の手伝いをしている。お弁当をつくってほしいとは、言えなかった。

結局、中学時代の三年間、コンビニが僕の食堂のようなものだった。

「何者かになってやる」という気持ち

小学校ではずっとサッカーをやっていたが、バスケットボールも好きで、中学ではバスケ部に入部した。

そこで初めて、慶應義塾中等部で大の仲良しといえる親友ができた。その友人に、僕は、同じ雑草魂のようなものを感じた。ウマも合う。他の同級生たちのように、「見るからにお金持ち」という感じでもない。入部したバスケ部も、その親友がいたおかげで楽しかった。もし、その親友がいなかったら、退部していたかもしれない。僕らは毎日のようにつるんで、遊んでいた。

ある日、その親友が家に誘ってくれた。

行って驚いたのは、自由が丘にある自宅の大豪邸っぷり。大きくて立派な家には露天風呂もあり、広い庭もある。常時、三人ぐらいのお手伝いさんがいて、おしゃれな室内は散らかった様子などとは無縁。家の中には、大きな犬が二匹、自由に駆け回っていた。

僕の実家とは様子がまるで違う。遊びに行って初めて知ったが、その親友の家は、学校の友人たちの中でもトップクラスの大富豪だったのだ。

モデルのように美人なお母さんが、お茶とお菓子を出してくれた。威厳のあるお父さんもかっこいい。

その頃の僕は、仕事の内容を聞いてもまったくわからなかったが、その裕福な感じや、仕事ができる感じが、とてもかっこよく見えた。

その親友のお父さんから言われた「野口くんも、頑張ったら（親友の）お父さんみたいになれるよ」という一言は、中学生の僕の心に突き刺さった。

その言葉には、優しく応援してくれるような、そんな温かみを感じた。中学生だからとあしらって、適当に発言したようなところは微塵もない。僕も頑張れば、本当に同じようになれるのかもしれないと思った。と同時に、悔しさも込み上げてきた。同じ境遇にいると思っていた友達は、実は校内でもトップクラスの富裕層で、かたや僕の実家は小さな鮨屋。同じ学校にいる同じ人間であるのに、この不公平と言わざるを得ない格差に打ちのめされた。

成功して、何者かになってやるという気持ちはそのときに芽生えた。

格差を目の当たりにした中学時代

格差の衝撃を受けたのは、親友の自宅に行ったときだけではない。慶應女子の彼女ができたときもそうだ。大邸宅に住み、裕福な家庭で育った彼女を、僕の自宅に招くこともできない。親友にしてもそうだ。ここまで違うのかと、面食らった。好きな女の子も、親友も桁違いのお金持ち。お金で人の価値が変わるわけではないが、それでも中学生の僕が、彼らと対等な立場で会話をしたいと思ったのが、「お金を稼げるようになりたい。何者かになりたい」と思った原点だ。

それからはいつも、「どうしたら成功者になれるのか。お金持ちになれるのか」ということが僕の最大のテーマだった。

何者かになりたいという気持ちが、現状に対しての反骨心となって、態度や外見にも影響していたと思う。「俺は、甘やかされて育った奴らとは違うんだぞ」と、あえて尖ったように見せていた。中学三年の部活を引退した後には、髪をブリーチして、親も一緒に呼び出されたこともある。同年代の中でも、ちょっと浮いた存在であったと思う。

「絶対に何かを成して成功してやる！」という気持ちは、高校に入ってからも消えることはなかった。消えるどころか、年齢が上がるにつれて、より意識していくようになっていた。

中学から続けていたバスケットボール部は、慶應の高校に上がってからも続けていたが、ほどなくしてやめた。高校には推薦入学の枠があり、外部から強い選手たちも入ってくるため、中学のときとは部員のレベルがまったく違う。このまま所属していても、スタメンになれるイメージが持てず、自分にスポットライトが当たらない状況につまらなさを感じ、退部した。

代わりに入ったのが、慶應の文化祭実行委員会。その名の通り、みんなをまとめ上げながら、文化祭を実施・運営する委員会だ。もともと、慶應義塾高等学校の校則は自由で、ある種の緩さがあった。文化祭実行委員会は、さらに輪をかけたように緩く、そして軟派にした感じ。学校帰りには渋谷に行き、粋がって遊ぶ日々だった。

「高校生で起業」という衝撃

高校時代は、ヤンキーキャラで軟派な学生生活を送っていたが、何者かになりたいという気持ちは続いていた。高校時代の僕にとって、成功したお金持ちといえば、やはり企業の「社長」だ。一刻も早く社長になりたい。早く社長になって、経験を積みたい。僕は学校の友人たちにも公言していた。

いろんな友人に話をしていると、さまざまな情報が集まってくる。ある日友人の一人が、「慶應の先輩で、もう社長になっている人がいるぞ」と教えてくれた。それが、当時高校三年生で、十八歳のときに起業をした、株式会社ウィルゲートの小島梨揮さんだ。小島さんは、高校時代に友人たちとＥＣサイトを立ち上げ、その後、慶應義塾大学在学中に、現在のウィルゲートを創業したという。そんな人物が、高校の先輩にいるということに刺激された。

こんなに身近なところに、学生起業家の先輩がいる！　僕は、小島さんの動向を逐一追った。ＥＣサイトの情報を探したり、小島さんのインタビュー記事などは、小さなものも含めて隈なく読んだ。僕が高校生の頃には、すでにウィルゲートを立ち上げて数年目という時期で、その起業に関する情報や、現在に至るまでのインタビューなどもネットで検索していた。

小島さんは、僕の憧れになった。

「東大起業サークルTNK」に入会

もう一つ、その後TNKというビジネスサークルに入るきっかけをくれた友人がいた。僕が高校二年生の終わりの頃、東京大学を受験するという友達が、「東大には、起業サークルというものがあるらしい」と教えてくれた。

慶應義塾高等学校の生徒のほとんどは、そのまま慶應義塾大学へ進学する。

僕は、そのときに、高校最後の文化祭をやり切ったら、大学では小島さんのように絶対に起業するんだと意気込んでいた。大学に入ったら、東大の起業サークルにも入る、と高校三年のときには決めていた。

どんな事業で、どんな会社を起業したいかというビジョンは一ミリもなく、ただ、「起業して、社長になりたい」ということだけだった。高校時代は金髪にロン毛。かなりチャラチャラして遊んでいるように見えただろう。そのときに決めていたのは、高校卒業まではひたすら遊んで、大学に入ったら切り替えるということだけだった。

大学の入学式では、金髪だった髪を黒く戻し、短くへアカットしたスタイルで臨んだ。入学式の式典の会場外では、新入学部生を一人でも多く獲得しようと、各部やサークルの人たちが新入生たちに声をかけていた。新入部員の歓迎活動、いわゆる新歓だ。だが僕は、慶應の新歓には一切目もくれず、東大の起業サークルに入るため、その説明会へと向かった。

説明会に行ってみると、意外にも東大以外の学生たちも集っている。学校の枠を超えたインカレサークルのような雰囲気だ。サークル名は、「東大起業サークルＴＮＫ」。百名以上が応募する中で、サークルに入れるのは、毎年二十～三十名ほどという高倍率。面接を通して、起業への意志の強さや、起業家としての素質、起業に対するビジョンなどを問われ、その素質を買われたものだけが入ることができるという難関サークルだった。
歴代のＯＢＯＧには、先日上場したナイル株式会社社長の高橋飛翔さんをはじめ、他にもさまざまな起業家がいる。これまでに、事業の規模は大小あれど、少なくとも五十人以上は起業を経験している。

僕が入った年は、東大生も多いが、慶應や早稲田の学生もそれなりの割合で占めていた。ほとんどは東大・早稲田・慶應の三校。そこに、少しだけ女子大の学生が交ざっているという感じだ。実は、東大以外の生徒も受け入れるようになったのは、僕たちが入った六期目からだったという。
それまでは、基本的には東大の学生のみで、さらにそのほとんどが男性で構成されたサークルだった。僕たちの一期上の先輩たちが、『東大生だけではつまらないから、もう少し広げよう』と発案したことで、他校にも門戸が開かれたという。僕は、まさに開かれたタイミングで入ることができた。

サークルの先輩には誰一人知り合いがいなかったが、この起業サークルのことを教えてくれた慶應の友人は、見事に東大に合格し、彼も一緒に起業サークルに入った。他のビジネスサークルの説明会などにも参加したが魅力を感じず、また人との交流や遊びを目的としたサークルには、まったく参加しなかった。

慶應はどちらかというと、中学高校で部活や学業に専念し、大学で羽を伸ばすというような風潮がある。僕はその流れに逆らうように、高校時代に大きく羽を伸ばした分、大学では真剣にビジネスに向き合うと決めていた。

勉強会・インターンシップに邁進する日々

ＴＮＫに入るための狭き門を通過した僕だが、食らいついていくのに必死だった。当時は毎週木曜が定例の勉強会。将来の起業を見据えて、ビジネスを学ぶ会だ。毎回、先輩たちが持ち回りで、「今日はマーケティング」「今日はソニーの企業分析」「今日はロジカルシンキング」などとテーマを決め、ゼミのような形式で進めていく。最後はグループワークでプレゼン。週末を使った合宿では、ビジネスにおけるビジョンなど、普段よりもより高い視座が求められるテーマを題材に、とことん話し合った。

大学のサークルといえど、参加しているメンバーは全員が真剣に起業を目指す仲間。上昇志向も高く、志の高い友人たちの存在は、僕にとって大いに刺激になった。

また、インターンシップのチャンスも数多く回ってくる。皆、先輩たちからインターンシップの情報をもらい、紹介してもらうような流れだ。

僕のときは、先輩から株式会社メドレーという医療系のスタートアップ企業を紹介してもらった。僕がインターンとして入った時期は、創業から一週間という、かなり立ち上げの初期のとき。テレアポ営業のスタッフとしての仕事を任されたが、それ以外にも仕事はどんどんと降ってきた。

僕は授業以上に、サークルの活動としてビジネスを学ぶこと、またインターンとして企業の中で仕事をすることに夢中になった。

最終的に、インターンシップ活動は二年ほど続けた。だいたい半年に一社ずつ、さまざまな経験をすることができたのは、僕の大きな力になった。

二年目　サークルの代表に。そして起業へ

ＴＮＫでは、およそ二年間でプログラムが一通り終了するようになっている。最初の一年で、ビジネスに必要な知識を身につけ、二年目は勉強の内容を受け持ったり、合宿を企画したり、入会を希望する学生の選抜などを行う。サークルの代表も、二年目のメンバーから選ばれるのが決まりになっている。

入会した頃は、勉強会の内容についていくので必死だった僕だが、日頃の様子を見てくれていた先輩たちや同期に推され、二年目には代表に就任。

サークルに入った一年目は必死に勉強し、知識を身につけ、二年目からは代表としてサークルの活動を取りまとめた。インターンシップは、一年目と二年目を通して、四社経験。必死に勉強もしたし、インターンシップ先でも認めてもらえるだけの成果を出すことができたと思う。

それなりの自信もつき、大学入学前からの目標だった「学生の間に起業」を、実行に移すタイミングが来たと感じた。実際に、ＴＮＫの先輩たちが何人も学生起業をしていたこともあり、起業に対しての心理的なハードルもぐんと低く感じられた。

とにかく、やってみよう。

僕は、初めての起業に向けて走り出した。

満を持して一社目起業。しかし……

一社目の起業は、苦い記憶ばかりが思い起こされる。その期間に得た経験や学びが、今の糧になっていると思えば、必要な経験だったとも言えるが、今思い返してみても自分の未熟さに恥ずかしくなる。

何もかもが足りていなかった。

事業づくりの経験、知識、求心力、人脈、ビジョン、資金力。

友人たちを巻き込み、起業はしたものの、そもそも「事業づくりって、これでいいんだっけ?」と思いながら試行錯誤で進めているような状態。誘った友人に対する責任感も感じながら、手探りでもがいた数年間だった。

初めての起業は、僕が大学三年生のとき。友人たちを誘ってスタートした。慶應義塾高等学校の文化祭実行委員のメンバー二名に、TNKの友人二名、そして僕も入れて、合わせて五名が最初のメンバーだ。

その頃は、サークルのプログラムも、インターンシップも一通りやり終えて、「いよいよ自分の起業家人生がスタートする！」と、高揚感を感じながら意気込んでいた。

僕の人生初の起業した会社名は、「Vapes」。

起業当初の事業内容は、ホームページの制作やSEO対策の請負などの営業代行。営業代行を事業に選んだのは、インターンシップで行っていたテレアポの営業を、そのまま自分の会社でも行うことができる、という単純な考えからだ。二年間、サークルの活動でビジネスを学んではいたが、現実は、事業の立ち上げ方もよくわからず、とにかく自分たちができることをやるという、あまりに無鉄砲なスタートだったと思う。

そんな安易な発想で始まった事業でも、ひたすら営業をし続けると、運よくお客さんから仕事を受注できることがある。そういうときは、営業努力が報われた喜びと、事業の先行きも明るいものに思えて気持ちも上がるのだが、続けての受注には繋がらない。営業しても、多くの場合はお断り、また契約を受注できても、成果を出せずに切られてしまうことも多かった。

起業の道は、簡単ではなかった。

想像以上に事業がうまく運ばず、もちろん収益も得られない。自分たちの労働力と時間だけが消費されていく中で、手詰まり感と共に、僕たちメンバーの間にも重苦しい空気が漂う。

慶應の仲間は、気がつくとチームからいなくなっていた。ある日パッタリと連絡が取れなくなり、フェードアウト。正直、友人たちに期待もしていたし、自分にも巻き込んだ責任があると感じ、僕なりに気にかけていたつもりだった。連絡が取れなくなってしまったことは、本当にショックだった。

その反動もあったと思うが、メンバーが減っても、その人数分を補填して、とにかく事業を続けるんだと躍起になった。メンバーは、減った人数を補填すれば仕事は回る。

そんな傲慢な考えで、慶應の仲間や大学で得た友達、さらにその友達をリクルートし続けた。冷静になって考えれば結果は見えていたが、その頃の僕は、事業をなんとか続けることばかりに気をとられ、事業を支える人の大切さやチームの大切さを軽く見ていた。

いつからか大学や高校時代からの友人たちからも敬遠されるようになり、同窓会なども気まずさを感じて参加できなくなった。

事業がうまく立ち上がらず、人もなかなか定着しない中で、僕について残ってくれたのは、ＴＮＫのメンバーだ。

「(今の状況は) こんなもんなんじゃない？　起業というのは、最初からうまくいくもんじゃないよ」と、うまくいかない時期でも状況を冷静に受け止めながら、なんとか会社を存続させようと力を貸してくれた。

このとき、僕はＴＮＫの活動で学んだのは知識だけではなかったことに気がついた。

それは、起業することへの覚悟や、困難を乗り越える精神力。起業するには、相応の覚悟がなければ、いつか必ず訪れる試練の時期を乗り越えることはできない。サークルの活動を通して、その覚悟を自然と身につけることができたのは、貴重な財産だった。

複数回のピボットの末、見えた鉱脈

株式会社Vapesは、二〇一一年に創業してから、三、四回ほど事業をピボットした末に、当時盛り上がりを見せ始めていたペットビジネスに目をつけ、ペットメディア事業を立ち上げたことが小さなチャンスに繋がった。ニッチなビジネスに的を絞ったことが功を奏し、少しずつ事業が伸び始めた。

事業がようやく軌道に乗り始めたのは、創業から三年経った二〇一四年の頃だ。その頃は、事業を少しずつ拡げており、「ペットフィルム」という、ペットのキュレーションメディア事業を立ち上げ、その売り上げが勢いよく伸びていった。

起業してから少しずつメンバーを増やし、軌道に乗った頃はメンバーも十五人ほどに増えていた。売上数億円。それなりに成果を出しているように思われるかもしれないが、十五人という少人数でもメンバーを抱えて事業を運営するというのは大変だった。

採用に関しても、学生起業ならではの難しさがあった。僕自身は就職もしていないので、企業に勤めていたら広がっていたであろう人脈も皆無。それに当時は今のように、

「キャリアアップのためのスタートアップ体験」などもポピュラーではなく、求人情報を出して人を募るといっても、無名のスタートアップに応募してくれる人はそうそういない。結局僕は、以前と同じように自分が持つ人脈の中で人を採用していた。

事業は辛うじて成長しているが、人を採用することや、事業を立ち上げることがこれほど難しいとは思わなかった。うまくいっている先輩たちを横目に、僕は試行錯誤の日々。自分のダメさ加減に落ち込んだ。

数回のピボットの末につかんだチャンスは勢いよく伸びたあと、すぐにまた停滞した。数億円までに売上を伸ばすことはできたが、それを数年後に何十億、何百億円まで成長させる未来は描くことができない。そのときの自分に対して、限界を感じた。

二十歳で起業して、気がつけば二十五歳。五年という月日を投下して得られたものは、成功とは程遠い結果だった。

すべての経験が糧となって今がある

十代の頃から社長になることを目標に掲げ、俺は他とは違うんだと息巻いて生きてきた。

大学三年のときに満を持して起業したが、その後の五年間は理想と現実のギャップに苦しむ日々。

なんとか事業を続けていたが、現状を打破する方法も見出せずに閉塞感に苛まれていた辛い時期、手を差し伸べてくれたのは経営者の先輩方だった。

出資はできないけれどアドバイスなら、と、今まさに世の中で活躍している先輩たちが、親身になってくれたのだ。

グリー株式会社（現グリーホールディングス株式会社）の田中良和さんに、株式会社ウィルゲートの小島梨揮さん、ＴＮＫの先輩で出資もしてくれた、ナイル株式会社の高橋飛翔さん。他にも多くの先輩たちにアドバイスをもらい、そして可愛がってもらった。

人のつながりの大切さを身をもって実感したのは、このときだ。それからは、声をかけてもらった会食には漏れなく参加した。

Vapesを売却してはどうかとアドバイスをくれたのは、多くの人と知り合う中で出会った、とある先輩経営者だ。僕としても、いずれは自分の事業を売却してという思いもあったが、それはもっとずっと先の将来のことだと思っていた。先輩のアドバイスは、僕にとって、目から鱗が落ちる思いだった。

「売却してもいいんだ」

Vapesをベネッセホールディングスに株式譲渡し、僕が引き続き経営者としてその傘下に入ったのは、前の章で述べている通りだ。

学生起業をしたものの、そのときは思うように事業を大きくすることができず、結局、経営者として成長することができたのは、個人で始めたエンジェル投資活動と、炎上後に向き合わざるを得ない状況になったBrave groupの経営だ。

エンジェル投資活動は、投資家という立場でいろいろな起業家と会うことができる。

投資家の目線でいろいろな起業家に会うことで、目や勘所も肥えて、「こういう企業が優秀なのか」「こういう事業のマーケットは伸びるのか」というところがわかるようになってきた。また、ビジネスを俯瞰して見る視点を養うこともできた。

ビジネスは、いくら机の上で事前に学んだところで、やはり実務の中でしか身につけることができない経験や知識がある。一社目の起業は、成功体験というよりも、失敗から学ぶことの多い得難い経験だった。しかし、幼少の頃の成功体験も、多感な十代の頃のカルチャーショックも、理想と現実のギャップに苦しんだ二十代も、すべては今の自分につながっている。

第6章

Chapter_06

「やりたい」「ワクワク」を事業の起点に Brave group の未来の展望

06

「日本発、人類の可能性拡張業」新しい生き方の選択肢を提供する

二〇二三年十一月、Brave groupはコーポレート・アイデンティティをリニューアルした。

炎上騒動の後、一時は十五名ほどにまで減ったメンバーも、二〇二三年十一月の時点では二百四十一名に。そして現在(二〇二四年十二月時点)は、総勢三七二名にまで増えた。入社一年未満の新しいメンバーも多く、皆が同じ方向を向いて、さらなる飛躍を目指すためには、パーパス・ミッション・ビジョン・バリューを明文化し、組織全体に浸透させていく必要がある。そして、株式会社バーチャルユーチューバーを創業してから、Unlimited、Brave groupへと変遷してきた過去の出来事も踏まえて、現在のBrave groupとは、どのような会社であるのか、社会の中でどのような存在意義があるのか、そして、どのような価値を世の中に提供したいのかを改めて考えてみた。

僕の辿り着いた答えはこれだ。

改めて、Brave groupは「××業」である。
と定義するなら
Brave groupは、
常に新しいフィールドをつくり、そこで活躍できる人をつくる
「日本発、人類の可能性拡張業」
である。

人類の可能性を拡張させる。

それは広義の意味で言えば、新しい生き方を提案し、可能性を広げ、生き方の選択肢を増やしていくことである。

リアルでは叶えられなかった夢や目標が、メタバースやバーチャルな空間だからこそ可能となる手段によって、またはリアルとの掛け合わせによって、夢を実現させる。その一助となること、夢を叶える人を一人でも多く増やすこと、そして、その夢を実現させる可能性拡張の連鎖を世界規模で広げていくこと。これが、今の僕の、そして会社としての目標である。

Brave groupには、このコーポレート・アイデンティティにつながる原体験がいくつもある。

バーチャルな空間の中で居場所をつくる「活躍の場」こそが生きる力の源

Brave groupの中でも、勢いよく成長しているプロジェクトの一つである次世代Virtual esports Project「ぶいすぽっ!」は、二〇二四年十二月現在、総勢二十三名（海外プロジェクトを含めると三十二名）が所属しており、ゲームに本気で取り組み、eスポーツの良さを広げていくというコンセプトのもとに活動している。実際にゲームプレイの実践や実況の配信、eスポーツ大会へも参加するなど、ゲームに真剣に取り組むメンバーが所属している。その彼女たちは、本当にめちゃくちゃゲームがうまい。

彼女たちにとってゲームは、単なる遊びではなく、仲間とのコミュニケーションのツールであり、ライバル同士で切磋琢磨しながら競い合う競技、そしてその楽しさを伝える活動自体が、やりがいであり生きがいとなっている。

近年eスポーツが、社会的にも凄まじい盛り上がりを見せていることも、このプロジェクトやメンバーを後押ししている大きな要因だろう。二〇一九年には、初めてeスポーツの大会が、国体での文化プログラムとして採用され、二〇二二年にはアジア競技大会で初めて、正式種目として採用。今後は、オリンピックでも正式種目として採用する動きが出ているという。

世界的にも、プロ、アマ問わず、競技人口は年々増えている。裾野が広がれば、そこにはさまざまなビジネスチャンスが生まれるものだ。「ぶいすぽっ！」も、世の時流を読んで、星崇祥が生み出したプロジェクトだが、彼女たちは、そういった世の中の状況も味方につけながら、自分が好きな方法で活躍できる場に辿り着いた。

「ぶいすぽっ！」のメンバーは、オーディションを経て入ってきた子もいれば、「ぶいすぽっ！」をつくった星が、本人のゲーム配信動画を見てスカウトしてきた子など、辿り着いた方法はそれぞれだが、「ゲーム好き」というアイデンティティは共通している。

そのアイデンティティを活かした新しい生き方の提案こそ、まさに「生き方の選択肢を増やす」ことだと考えている。

二〇二二年六月に、「ぶいすぽっ！」が正式にBrave groupにジョインしてから、今年（二〇二四年）の六月で二年が経った。これまで、VTuberとしての配信活動やeスポーツ大会への出場以外にオフラインでもイベントを行っている。

二〇二二年の八月にはコラボレーションイベント「ぶいすぽっ！×神田明神納涼祭り」の開催や、二〇二三年十月〜十一月には、茨城県の河内町にある小学校として使われていた校舎を舞台に六日間にわたって大規模イベント「ぶいすぽっ！文化体育祭」を開催するなど、ファンとメンバーの距離がぐっと近づくような趣向を凝らしたイベントにも力を入れてきた。

現在、「ぶいすぽっ！」は英語圏向けに「VSPO! EN」を、中華圏向けに「叶啵电竞project（VSPO! CN）」を展開し、フォロワー数・チャンネル登録者数の合計は世界で二千三百万人を超える。

現在は、Brave groupの中でも大きな事業の一つだが、収益面でも成功していることに加え、新しい生き方の提案、生きる選択肢を増やす方法の一つとしても成功していると言えるだろう。「ぶいすぽっ！」のメンバーになったタレントが、プロジェクト始動から六年経った今現在も誰一人辞めていないことが、そのことを証明する何よりの証拠だ

ぶいすぽっ！ × 神田明神納涼祭り

ぶいすぽっ！文化体育祭

と思っている。

バーチャルユーチューバーはメタバース空間での芸能人枠

近年は日常の営みの一部がメタバース空間で行われることが、ごく当たり前のようになってきた。オンラインゲームの中でフレンドになったり、仲良くなって恋愛に発展したり、バーチャル空間の中で買い物をしたり、ライブやコンサートに参加したりということを実際に行っている人もいるだろう。今後、人の営みが、より活発にメタバース空間やバーチャルな空間で行われていくことが予想される。

VTuberとは、こういったメタバースやバーチャルな世界の中でのタレント・芸能人。リアルでは、さまざまな理由で叶えられなかった夢や目標を持つ人たちが、バーチャルな世界の中で人格(キャラクター)を得て、もう一人の自分として夢を叶えることができる。年齢も性別も関係なく、老若男女問わずにチャレンジすることができる世界。

まさに、可能性の拡張だ。

他にも、バーチャルな世界でのタレント・芸能のエンタメ事業以外に、生き方の選択肢を広げるためのチャレンジを行っている。二〇二三年四月に開校したメタバース空間での学校「MEキャンパス」である。

メタバース空間を活用した教育は、近年注目されている。どこにいても受講が可能であるという利便性だけではなく、メタバース空間とアバターを活用することで、それぞれが好きな自分になってコミュニケーションを取りながら学ぶことができるというメリットがある。

「自分が好きな自分」になること、すなわち、アバターを活用して外見や身体的特徴、年齢や性別などの外面的な情報を除外する

メタバース空間での学校「MEキャンパス」

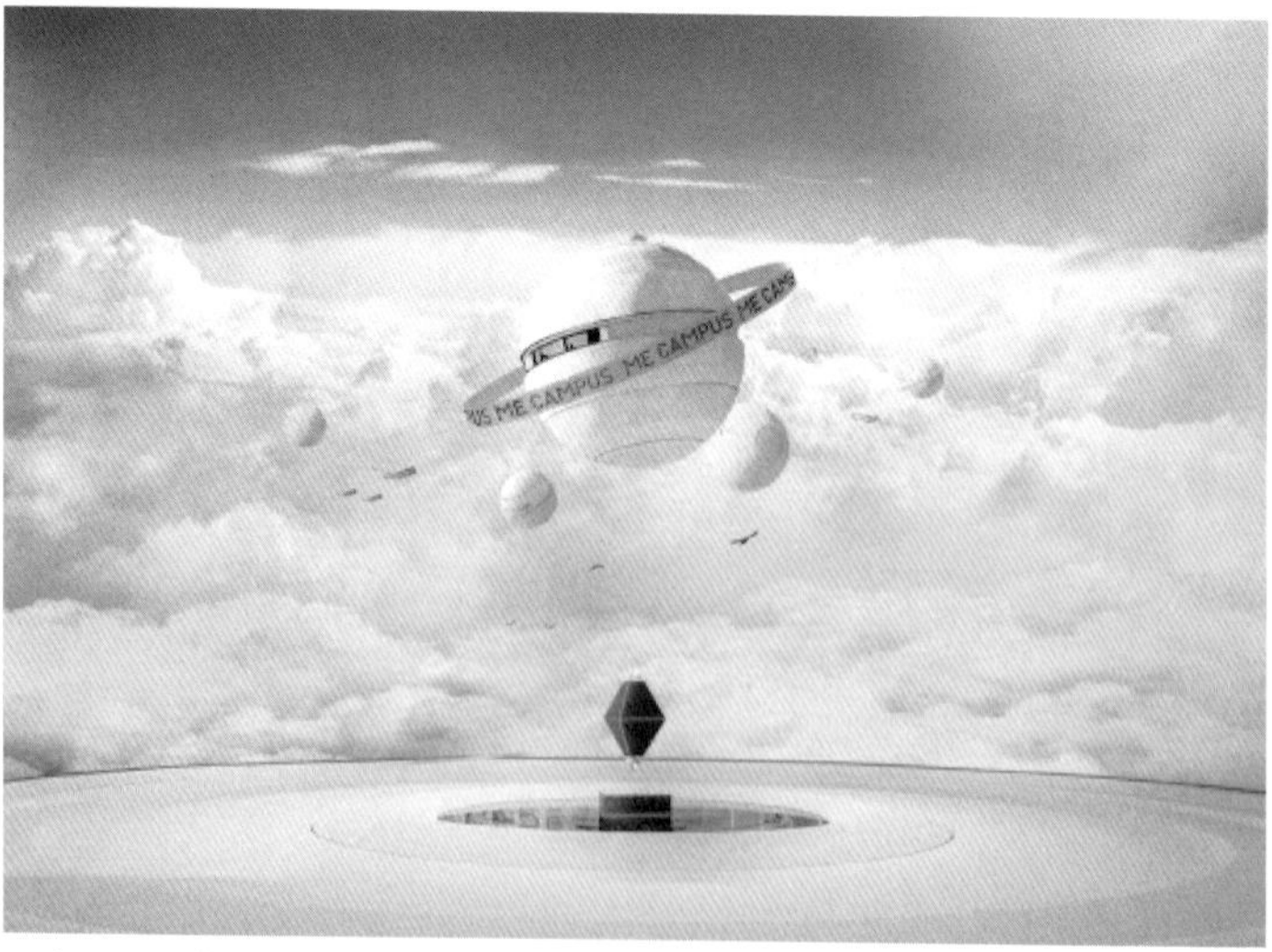

メタバース空間での学校「ＭＥキャンパス」

ことで発展するコミュニケーションや学習のあり方があるのではないかと思う。

理想の事業家集団を目指して

二〇二三年の秋にリニューアルしたコーポレート・アイデンティティを紹介したい。

パーパス：世界に、日本の冒険心を
ミッション：80億の、心をうちぬけ
ビジョン：時代をつくる、事業家集団へ

僕は、このパーパス・ミッション・ビジョンがとても気に入っている。Brave groupとして明文化したものではあるが、僕個人のパーパス・ミッション・ビジョンとも言える。いつの間にか、法人格と個人が一体化してきたかのような感覚なのだ。

僕たちが、中長期的な目標／ビジョンとして掲げているのは、時代をつくる、事業家集団となることだ。

憧れであり、僕が理想とする企業の一つにサイバーエージェントがある。

営業代行で事業をスタートさせた後、クリック保証型のネット広告「サイバークリック」をスタート。その後は、「アメブロ」の通称でお馴染みの「Amebaブログ」、メタバースの先駆けであるアバターサービス「アメーバピグ」、ブラウザ・モバイル向けゲームを主力事業とする「Cygames」、「ABEMA（旧称AbemaTV）」と、時代が移り変わっても、組織を成長させながら、新規事業をどんどんと生み出してきた。

新しい子会社を次々と設立し、若手社員もどんどん抜擢する。なおかつ、生み出した新しい事業は、国内だけでなく海外にも展開して世界で通用している。こういったサイバーエージェントの企業カルチャーや事業づくりのあり方は、僕たちの「時代をつくる、事業家集団へ」というビジョンの、一つの手本となっている。

Purpose

世界に、
日本の冒険心を

Japanese Adventure, World Wide Romance

「こんなもんじゃない」。その渇きは、正しい。
「まだここからだ」。その熱は、必ず届く。
この国には、まだたくさんのポテンシャルが眠っている。
必要なのは、新しいフィールド。
わたしたちBrave groupは、そのためにいる。
テクノロジー、非テクノロジーの、さまざまな領域で、まだ見ぬ舞台を。
人々の冒険心を、可能性を、呼び覚ます。
その先、もっとワクワクする日本へ。世界へ。
すべての社員が「事業家集団」として、それを実現する。
新たな一歩を、誰かが踏み出す勇気に、わたしたちはなっていく。
"Brave"という名のもとに。

Mission

80億の、
心をうちぬけ

Strike wonder in 8 billion hearts

心が突き動かされる瞬間。人生を変えるほどの熱狂。
私たちはそのつくり手として、バーチャルを通じた次世代の表現を追求し、
まだ見ぬ体験を生みだしつづける。
ひとつひとつ、80億の毎日を、変えていくために。

Vision

時代をつくる、
事業家集団へ

**A Symphony of Innovations,
Pioneering a Brighter Tomorrow**

わたしたちは、ただ事業をつくるのではない。
同じ志をもつBraveな仲間と、
次世代が心躍る未来を、時代をつくる。
世の中に、新しい価値と感動を与えるために。

Brave group のパーパス、ミッション、ビジョン

連合軍を携えてミッションを実現する

一方では、自分たちでゼロから事業を生み出すだけではなく、積極的に経営統合も行っており、その動きはこれからも加速させていくつもりだ。

個人的な意見だが、VTuber事業やその周辺領域で事業を行っている会社をリサーチすると、「もったいない」と感じる会社が非常に多い。技術やクオリティは高いのに事業規模が小さいために、スケールできていない企業、いいものを持っているのにアイデア力が乏しい企業、欠けている箇所に一つのピースをはめることで、大きく飛躍する可能性を秘めた企業がたくさんある。

こういった企業をグループに招き入れ、世界に通用する連合軍をつくっていく。欠けている箇所を補うピースは、数ある情報、技術、そして人が多く集まるところの方が、見つかる可能性が高い。シナジーを生み出しやすい環境こそが、Brave groupに参加するメリットだ。それぞれが競い合うことよりも、一緒にアイデアを出し合いながら、皆で強くなっていくことこそが、業界全体を盛り上げることにつながると考えている。

現在は、国内にとどまらず、海外のVTuberスタートアップ企業にも声をかけているところだ。二〇一六年のキズナアイから始まったVTuberは、日本発の文化であるが、今やその文化は世界全体に広がっている。業界全体をもっと盛り上げていくためにも、世界各地に点在するVTuber事業に携わる企業にアプローチしていく。

事業戦略として、国内の経営統合は当面VTuber事業および周辺領域に、海外の経営統合もVTuber事業に絞って行う予定だが、この戦略も、時代の移り変わりや状況次第では変わっていく可能性は十分にある。

強靱な連合軍を目指すことが、いずれ僕たちのミッション実現につながると信じている。

Brave groupの行動指針　バリューの根底にある想い

僕は常々、メンバーには「Brave groupをキャリアハイにしてほしい」と伝えている。

Brave groupに参加してくれるメンバーは、良い意味で野心的、上昇志向の強い人たちが多い。特に幹部クラスの人たちは、さらにその傾向が強い。これまでに築き上げてきたキャリアを捨ててでも、「何かを成し遂げたい」「実績を上げたい」「世の中にインパクトを残したい」とさまざまな情熱を胸に燃やしながら、飛び込んできてくれる。

たとえば、取締役執行役員の船橋純は、公認会計士として大手の監査法人で仕事をしていた中、僕の誘いに応じてBrave groupにジョインしてくれた。元からハードワーカーで、成長意欲が人一倍強い船橋は、公認会計士取得の際のエピソードも際立っている。

とにかく早く公認会計士として経験を積みたいと考えていたため、大学に行くといった遠回りをせずに、高卒で公認会計士資格を取得。二十歳から監査法人で働いていた。

そんな船橋は、持ち前のバイタリティと馬力で、任されていた仕事の枠を超え、担当領域をどんどんと開拓していった。

Brave groupにジョインした頃は、公認会計士の経験を生かして上場準備の専任だったのが、気がつけば、それまで外注していたバックオフィス業務を内製できる体制に一気に整え、さらに人事部も管掌し始め、スタジオの管理、経営統合の担当、新規事業の立ち上げと、自身の未経験の領域すら、どんどんと担当し始めた。
今では、ＣＯＯでありながら、アジアを拠点とした新事業の統括も行っている。
船橋は、監査法人にいたままでは経験し得なかったキャリアを、自ら開拓し続けている。

船橋の他にも、それまでの安定したキャリアや実績を捨てて、新しい刺激とやりがいを求めて飛び込んできてくれる人が多く集まっている。ＩＴエンタメの歴史をつくってきた大企業、モバイルゲームづくりの中核企業、大手ＩＴ広告代理店。その他にも、錚々たる企業から集まってくれたメンバーがいる。

そんなメンバーたちがせっかく集まってきてくれたのだから、Brave groupの中で、自分の「やりたい、やってみたい」を開拓し、どんどん実践してほしいと思っている。今までにできなかった仕事にチャレンジして、キャリアハイにつなげてほしい。
そうすることで、自分の武器が格段に増えてくるはずである。

また、社内での役職やポジションも、自分でどんどん上げていくことができる仕組みがつくられた。前の章でも伝えたが、人事が創設した「アドベンチャー制度」により、メンバーの誰もがリーダーやマネジメント職など責任のあるポジションに、一定期間チャレンジすることができる。

その期間に、周りを納得させるだけの実績を残すことができれば、「ぜひそのポジションについてくれ」と、周りから昇進を求められるだろう。

自分で昇進をつかむチャンス、「やりたい」を後押しする土壌、そして自分の意欲を最大限に発揮するための環境が整っている。

【Brave groupの6つの行動指針(Values)】

枠を超える

細部に宿す

圧倒的スピード

創造性と経済性

リスペクト・ベース

人生を楽しもう

Values

枠を超える
Transcending Limits

社会の変化に柔軟に対応し、さらには次なる変化を生みだす当事者になるために。

「これはできない」「今までやったことない」という"枠"を飛びこえて、挑戦を日々積み重ねよう。

細部に宿す
Living the Details

プロフェッショナルとしての誇りをもち、凡事徹底を貫こう。

何気ない作業のひとつひとつまで細部にこだわり、責任と約束をしっかりと果たそう。

圧倒的スピード
Blazing Ahead

成功を掴むためには、挑戦の打席に立ち続けなければならない。

多少の失敗は厭わず、たとえ不格好であっても、圧倒的スピードで行動しよう。

創造性と経済性
Creative & Conscientious

人々に感動を届けることで、社会をより良くする企業を目指して。

まだ見ぬ感動を永続的に生みだしつづけていくためにも、経済性も真摯に追いかけよう。

リスペクト・ベース
Respect First

新たな領域で大きな挑戦を成し遂げるためのいちばんの原動力は、チームの結束と共創だ。

仲間へのリスペクトをいつも心に、それぞれのチャレンジを称え、おたがいにフォローしあおう。

人生を楽しもう
Life to the Fullest

仕事を楽しむことと同じくらい、プライベートの時間を大切にしよう。

家族に、遊びに、趣味に、最大限の充実を。毎日を楽しみ尽くし、自分の人生を豊かにしよう。

Brave group のバリュー

人の成長意欲を全力で後押しできる会社に

僕の性格の根っこの部分は、投資家であると思う。自分の知識や経験を得るためにと始めたエンジェル投資にハマった。今では、経営者育成は、僕にとって大きなテーマの一つとなっている。それは、Brave groupの社員に対しても同様である。

社内で、より多くの人に経営に携わる機会を与え、多くの経営経験者を輩出していきたいというのが僕の願いだ。

理想は、グループ会社を百社ほどつくり、それぞれ一社一社に、社長と取締役や執行役員を据える。一つのグループ会社に、五名ほどの役員ポジションをつくることができるとすると、百社のグループ会社で、五百人の経営経験者を生み出すことができる。

二〇二四年の四月に、Brave groupの全グループ会社・十五社で、空いていた取締役のポジションに活躍しているメンバーを抜擢した。抜擢されたメンバーのほとんどが、経営未経験の人ばかりだが、任命されたことで、事業に対する責任感が増し、経営者側の視座で物事を見ることを意識し始める。人は急に成長する瞬間というものがあるが、まさにその瞬間を目にすることができた。
Brave groupでは現在、グループ会社（子会社）が右肩上がりで増えている。経営者としての視点を持つメンバーが増えるほど、その組織の経営に対する感度が高くなる。組織を強くしていくことへの意識が高まり、結果として組織が強くなると考えている。そのため、チャレンジするための枠は、グループ会社百社を目指して、これからもどんどんと増やしていく予定だ。

本当は、管理コストを抑えるためには、子会社・グループ会社なんて、少ないに越したことはない。近い将来の目標である上場のことを考えると、グループ会社をすべて吸収して、本体の事業部とした方が、コスト的にも労働作業的にも圧倒的に負担が減ることは理解している。
しかし、さらに先の未来を見据えたときに、Brave groupがどのような場所になっていてほしいかと考えると、できるだけ多くのメンバーたちのキャリアハイが実現できる場所にしたい。コストを抑え、短期中期的な収益を上げることよりも、メンバーたちに、「Brave groupのグループにいてよかった」と思ってもらえることが、何よりも大切である。

だから、コストがかかるのは承知で、これからもグループ会社を増やしていくつもりだ。

この先、メンバーの中には、Brave groupから飛び出して、自分で事業を起こしてチャレンジしたいという人も出てくるだろう。

人の熱意や意欲は止めることはできないし、僕自身が「人の成長意欲を後押ししたい」という気持ちを持っている。ならば、僕のチャレンジは、熱意や意欲に溢れるメンバーが、「Brave groupの中にいることこそが、一番のチャレンジと成長につながる！」と実感してもらえる環境をつくること、そしてその熱意に応えられるだけの事業規模にしていくことだ。

世界のVTuberスタートアップ元年に勝機あり エクイティファイナンス全張りで世界に挑む

現在、Brave groupではさまざまな事業が進行している。その中でも重要なチャレンジの一つがグローバル事業だ。二〇二三年は、Brave groupのグローバル展開を加速させるため、四カ国五拠点の海外拠点設立に加え、英語圏や中華圏、欧州圏を対象にグローバルオーディションも実施した。

現在の海外拠点は、アメリカ・サンフランシスコにオフィス、ロサンゼルスにスタジオを構えるBrave group US、イギリス・ロンドンを拠点としたBrave group Europe、タイ・バンコクに拠点を置くBrave group APAC（Thailand）、中国・深圳に拠点を置く布雷福（深圳）贸易有限公司（Brave group China）。

まさに、グローバル展開の創成期から、一足飛びで急拡大・急成長してきた。

それぞれのグローバル事業が、今後どのような形で立ち上げることができるのかという点は、Brave groupの未来を占う上で重要な指標となる。一つ参考になるのは、日本を代表するコンテンツや製品を生み出す会社である任天堂やSONY、トヨタなどは皆、海外の売上高比率が七割を超えている点だ。僕たちも将来的には、同様に海外売上高比率七割を目指していきたい。

実際のところ、VTuber事業を海外で行うには、日本で行う場合の二倍以上のコストがかかる。

人件費やマーケティング費用、他のVTuberとの差別化や、ビジュアルのクオリティ追求、タレントのケアなど、まさに億単位のお金をかけて生み出す産業となってきている。

しかし、ビジネスとしての勝算は十分にある。

まず、ゲームと比較して、VTuberのチャレンジ費用はかなり抑えることができる。ゲームは、制作期間三年以上、さらに投資費用は十億円から、物によっては百億円近くかかるものもある。そうして制作したゲームの明暗が、リリース初日に分かれる。

また、IPコンテンツビジネスということでいうならば、TVアニメも、近年は一話分を作成するために数千万円以上の費用がかかると言われている。人気のTVアニメなら、トータル十億近い費用をかけてつくっているものもある。そう考えてみると、VTuber事業のIP／コンテンツ制作は、タレントの起用からコンセプトメイク、ビジュアル制作などトータルで考えても半年ほどの期間で世に送り出すことが可能であり、ファン形成ができた後に、ゲーム化を含めたコンテンツ展開のプロセスにすることで、

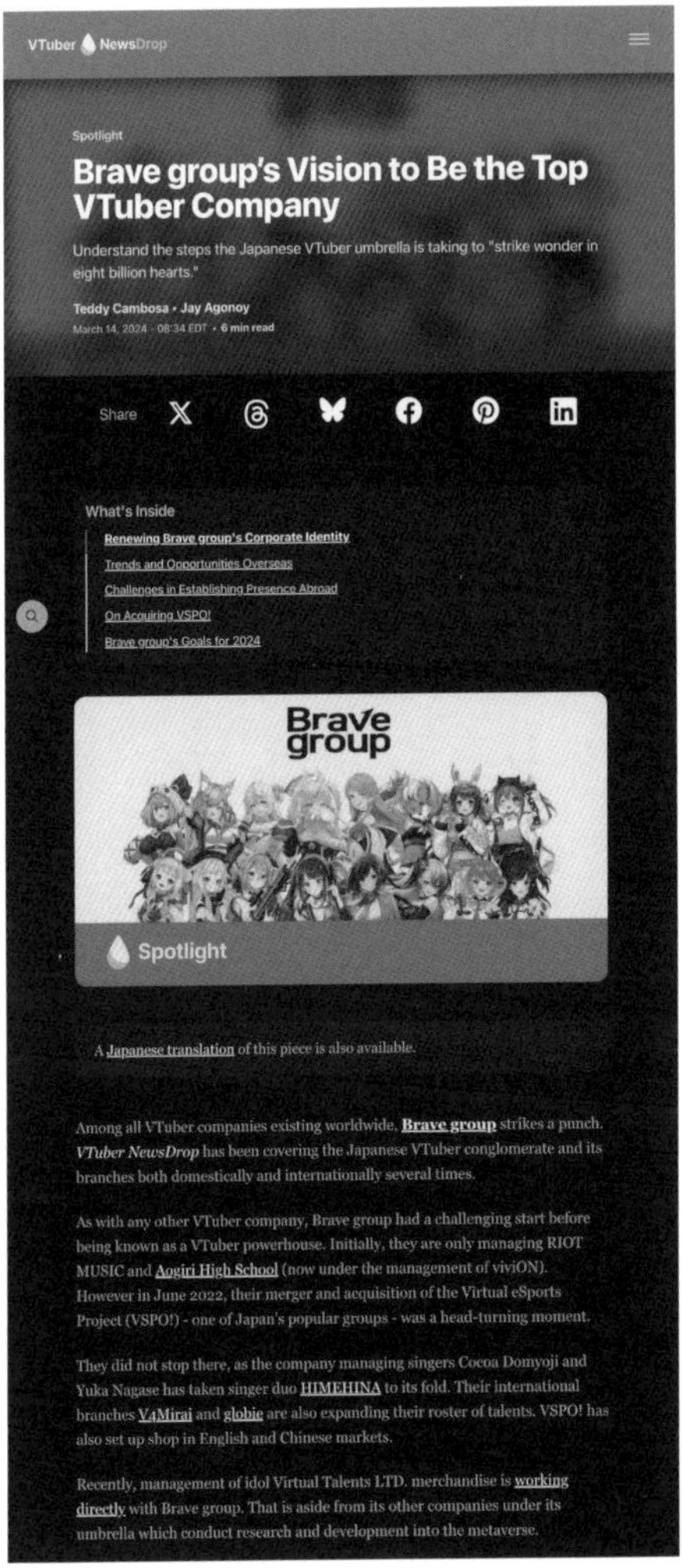

VTuber NewsDrop

Spotlight

Brave group's Vision to Be the Top VTuber Company

Understand the steps the Japanese VTuber umbrella is taking to "strike wonder in eight billion hearts."

Teddy Cambosa • Jay Agonoy
March 14, 2024 · 08:34 EDT • 6 min read

Share

What's Inside

- Renewing Brave group's Corporate Identity
- Trends and Opportunities Overseas
- Challenges in Establishing Presence Abroad
- On Acquiring VSPO!
- Brave group's Goals for 2024

Brave group

Spotlight

A Japanese translation of this piece is also available.

Among all VTuber companies existing worldwide, **Brave group** strikes a punch. *VTuber NewsDrop* has been covering the Japanese VTuber conglomerate and its branches both domestically and internationally several times.

As with any other VTuber company, Brave group had a challenging start before being known as a VTuber powerhouse. Initially, they are only managing RIOT MUSIC and Aogiri High School (now under the management of viviON). However in June 2022, their merger and acquisition of the Virtual eSports Project (VSPO!) - one of Japan's popular groups - was a head-turning moment.

They did not stop there, as the company managing singers Cocoa Domyoji and Yuka Nagase has taken singer duo HIMEHINA to its fold. Their international branches V4Mirai and globie are also expanding their roster of talents. VSPO! has also set up shop in English and Chinese markets.

Recently, management of idol Virtual Talents LTD. merchandise is working directly with Brave group. That is aside from its other companies under its umbrella which conduct research and development into the metaverse.

海外ニュースサイトに掲載されたBrave groupの記事

販売予測も立てやすくなるため、リスクを軽減することが可能となる。そのような視点からも、ビジネスとして非常に魅力的であると思う。

二〇二三年～二〇二四年は、世界のVTuberスタートアップ元年だったと感じている。これからますます盛り上がりを見せるこの業界は、五年後、十年後には、今のような予算規模ではVTuberプロジェクトを立ち上げることができなくなっているかもしれない。

だからこそ今、全張りにしてでも、全力でチャレンジすべき好機なのだ。

人との「縁」ありきでスタートした Brave groupのグローバル展開

Brave groupでは今、グローバル展開のために蒔いてきた種が、少しずつ芽を出し始めている。

グローバル展開については、大きく二つの事業がある。

一つはシンプルに、国内で伸びてきたIP／コンテンツの英語圏（英語話者）版、そして中華圏（中国語話者）版をつくっていくこと。これらは、IP／コンテンツの輸出だ。たとえば最近では、「VSPO! EN」と「叶啵电竞project（VSPO! CN）」をつくり、グローバルオーディションも実施した。まさに今、国境を越えた所属メンバーが、それぞれ「VSPO! EN」は六月に、「叶啵电竞project（VSPO! CN）」は八月にデビューした。

もう一つは、現地に完全にローカライズしたVTuber事業。

海外にも視野を広げ始めた当初は、VTuber事業をローカライズさせることまでは考えていなかった。タレントのマネジメントは、距離の近いコミュニケーションが求められる。日本にいながら、海外のタレントを遠隔でマネジメントすることは、時差の問題と物理的な距離の問題もあり、現実的ではないと思っていた。

しかし、その問題が、偶然の出会いによってすんなりと解決することができた。

重要な拠点であるBrave group USとBrave group Europeは、たまたま、立ち上げられる人と出会うことができたという「縁」ありきでスタートしたグローバル展開だった。

「偶然」×「ワクワク」
気がつけば事業開始の条件が揃っていた～Brave group US

海外事業所の第一号は、Brave group USだ。二〇二三年の六月、それは「偶然」と「ワクワク」から生み出された。

もともとは、USですでに事業としてスタートしていたMetaBashというスタートアップ企業に、Brave groupも株主の一つとして出資していたことがきっかけだ。

MetaBashは複数企業のジョイントベンチャーで、メタバース事業の会社だった。FacebookのMeta社出身など、優秀な人材が揃っていたが、メタバース事業が思うように立ち上がらずに事業撤退が決定。事業がなくなり、組織だけが残ってしまうという状況の中で、「Brave groupのUS支社をやってみるのはどうか」と、MetaBashのCEOをしていた林宣多（現Brave group US CEO）が提案してくれたのが始まりである。

アメリカで事業をする上で、もっとも難しいハードルは、現地アメリカで組織をつくること。

言葉の壁がある上に、そもそも現地で事業を立ち上げられる人材を含め、人を採用することも難しい。

しかし、すでに組織は出来上がっている。言葉の壁も問題がない。

さらに話を聞いてみると、MetaBash創業メンバーを含めたUSチームには、もともとVTuber好きも多く、「VTuberをやりたい！　VTuberプロダクションをやりたかったんだ！」という熱意を持った人が集まっているという。

すでに出来上がった組織があり、VTuber事業に情熱を持って取り組める人たちが揃っている。

ふと、「あれ？　これは事業を立ち上げられる条件が揃っているのではないか？」という流れで、あっという間に立ち上がったのがBrave group USだった。

運命の出会いで立ち上がった
～Brave group Europe

これまで事業における決断は、人との出会いや「縁」、そしてメンバーの中に「やりたい」があるかどうかということを最重要の判断項目として進めてきた。戦略として正しいかどうかということは、どちらかというと後付け。

だが、Brave group USと同時期に立ち上げたBrave group Europeは、会社のグローバル展開の戦略方針と、メンバー本人の熱意と希望が、出会ったときからピッタリとマッチして立ち上がった例だ。

Brave groupの事業戦略として、グローバル展開することはかなり以前から視野に入れていた。その中でも、日本文化やマンガ、VTuberの人気が高いフランスをはじめとしたヨーロッパは重要な拠点であると考えていて、さらに同業他社もまだ進出していなかったことも、Brave groupの拠点とする上で重要なポイントだった。

そんなときに、運命的に出会ったのが、現在Brave group Europe Managing Director

／EUビジネス本部本部長の滝澤崇広だ。

滝澤は、イギリスの高校、フランスの音楽大学を卒業しており、ヨーロッパが大好き。もともとEU圏内を生活の拠点として、仕事をしたいと考えていた。その上、エンタメにも精通し、音大を出ていることもあって、音楽は自身の趣味でもある。さらに新しいもの好きの滝澤が、VTuberにも興味を持つのは必然であった。

滝澤の「ヨーロッパでVTuber文化を広めたい」という願望と、僕たちのビジョンが合致して、Brave group Europeの立ち上げはすぐに決まった。

まさに、奇跡的なタイミングでの運命の出会いが、事業の立ち上げにつながっている。

メンバーの「ワクワク」を優先できる事業会社に
～Brave group APAC（Thailand）

二〇二三年十一月に立ち上げたBrave group APAC（Thailand）も、組織としての目標と、メンバーの「やりたい！」が合致した事業所だ。

アジアのマーケットを狙っていくことは、Brave groupの海外展開戦略として、必ず通るべき目標だった。しかし、適切な人材が見つからない中、「タイに行きたい！」と手を挙げたのは、船橋純だった。

そのときは、僕だけでなく周囲も驚いた。Brave groupの管理部門の重責を担う船橋が抜けてしまったら、誰がその穴を埋めるのか。会社の財務やファイナンス、現在取りかかっている上場準備は誰が行うのか。また、クリエイター出身ではない船橋が、タイでの事業を牽引していくと挙手したことも、驚きの要因だった。

最初は僕も悩んだ。

船橋が、日本とはまた違った文化を持つタイで、VTuber事業を立ち上げることができるのか。その場所は、船橋にとって適切なのだろうか。

しかし、当の船橋は、タイという新たな環境で、VTuber事業のアジアのハブ拠点をつくりたいと希望し、情熱を燃やしている。

僕は、船橋の「ワクワク」に賭けた。

経営判断の基準として、事業における判断を本人の「ワクワク」を最優先するというのは、もしかしたら一般的ではないのかもしれない。「事業戦略に沿っているか」「コスト管理の上で問題はないか」。本来ならば、組織として優先すべき基準があるのだろう。

それでも僕は、できるならば、メンバー一人ひとりが楽しいと思えることを、できるだけ最優先にしていきたい。

海外事業は、壮大な実験の最中

最初の頃はほぼ、熱意と勢いだけで飛び込んだ海外事業は、今では四カ国五拠点。

複数の海外プロジェクトを開始してから一年ほどが経過し、実践してきたからこそ見えてきたことも多分にあった。

海外と一言で言っても、当然マーケットの性質はそれぞれのエリアでまったく違う。

それぞれのマーケットの特徴を、現地での事業を通して肌身を持って理解し、そのたびにそのエリアに適した事業戦略を軌道修正しながら、最適な方法を選択しながら進めてきた。


たとえば、USはマーケットが大きいこともありBrave groupがゼロイチでつくった事業も伸びている。VTuber事業での伸び代がまだまだあると感じ、二〇二四年八月、USで急成長中のVTuberスタートアップ「IDOL VIRTUAL TALENTS LTD」から事業を譲受した。

一方、中国やAPAC（東南アジア）では、収益の中でもグッズショップの売り上げが全体を牽引しており、海外向けのグッズ販売事業「Brave stores」が伸びている。グローバルEC事業にとどまらず、今後はさらに、APACを中心としたBrave storesのリアル店舗を拡大していくことを決めた。

そんな背景もあり、二〇二四年九月には、中国ビジネスに精通し、越境ECのDXを得意とする「xxxxnese」と資本業務提携を結び、APAC、特に中国での製造ネットワーク、店舗の販路展開の加速を目指している。

実際に走りながら、その都度、そのエリアごとに日々経営判断をしながら、進んできた。

終わりなき挑戦の旅

今はまだ、人の「やりたい！」「ワクワク」という気持ちを基準に判断した海外進出が、どのような結果や成果を生み出すのかは明確には見えていない。ただ、これからまだまだ発展していきそうな兆しは見えている。この兆しを、さらに大きな成果につなげられるのか、はたまたチャレンジした者が楽しんだだけで終わるのか、これからどのような展開を見せてくれるのかは、大切に見守っている途中であり、壮大な実験の最中でもある。

この実験の答えは、もうさらに数年経ってからでなければ、わからないだろう。ならば今は、「人の熱意に賭ける」という自分の信念に適った方法で、経営を判断していきたい。

Brave groupには、困難を共に乗り越えた仲間、そしてまだまだ未知数だった会社に勇気を持ってジョインしてくれた新たなメンバーもたくさんいる。僕は、今ここにいてくれるすべてのメンバーに報いていきたい。

僕の経営者としての役割は、Brave groupの組織としての未来の理想像を考えつつ、それよりも重要であるのは、今いるメンバーと何ができるか、どうしたら楽しんでいくことができるかを常に考えていくことだと思っている。

リニューアルしたコーポレート・アイデンティティ、Brave groupの行動指針として掲げた六つのバリューの最後の項目は、「人生を楽しもう　— Life to the Fullest」。

会社の上層部が決めたルールを押し付ける仕事スタイルは、もう前時代的だ。メンバー皆それぞれが、仕事もプライベートの時間も最大限充実させること。毎日を楽しみ尽くして、自分の人生を豊かにすることが、この地球上に生きる八十億人の幸せにつながると信じて、僕はこの、「人類の可能性拡張業」に邁進していきたい。

二〇一七年に創業し、二年後には大炎上の末に育てていた強力なIPを失い、本当に地を這うようなどん底を経験してきた。なんとか会社を存続させるために必死にもがいて努力していたが、あの頃は、数年でこれほど飛躍的な大復活を遂げることができるとは、夢にも思っていなかった。

苦しかった中でも諦めずに進み続けていた自分に、一言、伝えたい。

「奇跡は、起こる」と。

多くのサポーターに手を差し伸べてもらえた奇跡。

信頼し合い、背中を預けられる仲間と出会えた奇跡。

そして、同じ屋根《グループ》のもと、苦楽を共にしながら歩んでいける奇跡。

今、ここに集いし勇者たちと、そしてこれから出会う仲間と共に、僕たちは旅を続けていく。僕たちは常に、冒険の最中《さなか》なのだ。

終章

執筆の経緯

今回、本書を執筆すべきかどうか、今が出版すべきタイミングなのかどうか、深く悩みました。

五年前の出来事はできれば思い出したくない過去でもあるし、書籍に残すことによっていろんなデメリットが生じるかもしれない。風化されてもおかしくない状況で、なぜわざわざ蒸し返す必要があるのか。

敢えて触れない、伝えない、という選択肢もある中で、出版することを決断したのは、正々堂々、正直に経営していきたいという想いです。

今でこそ、勢いのある会社だと多少チヤホヤされるようになりましたが、決して順風満帆な道のりではなかったこと、同じ過ちを犯してはいけないという気持ち、改めて気を引き締める意味でも、過去の歴史を振り返り、どうやって今に至るのか、ありのままの僕たちを、未来の仲間を含めたメンバー全員に知ってもらう必要があると思いました。

一番はBrave groupの歴史、どういう仲間がいて、どういう人たちが支えてくれて今に至るのか。

次に、これまでの僕の人生や生き様、Brave groupへの想い、僕個人のパーソナリティを知ってもらいたいと思いました。

僕個人で成し遂げたいことと、会社のパーパス・ミッション・ビジョン・バリューは結果的にとてもリンクしています。

僭越ながら僕自身のことを知っていただくことで、よりBrave groupへの理解が深まると思い、触れさせていただきました。

五年前の出来事でご迷惑をおかけした方々、辛い思いをされた方々にも、改めてお詫びする気持ちで振り返りました。


カバーデザインの炎（炎上からの復活と燃え上がる勇気）

なかなかユニークなデザインに仕上がりましたが、炎上を乗り越えた、というのがひと目でわかるような、刺激の強い、パンチのあるデザインにしました。

Brave groupは海外進出や複数事業の立ち上げ、また、経営統合といった、非常に難易度の高い経営をしています。

そして「日本から世界を目指すんだ」「めちゃくちゃ成長するんだ」という気概を持った仲間が集まっています。

本文でも触れた「アドベンチャー制度」に応募してくれたメンバーも、オフィス近くに住んで朝から晩まで仕事のことを考えているような、熱を持った、挑戦心・野心のある人が多いです。

そんな熱（＝やる気、根性、コンテンツ愛）を持ったメンバーたち同様に、今後もいろんな意味での熱を持った人たちに集まってほしいという想いを込めました。

今、そして未来のBrave groupメンバーのみなさんへ

圧倒的スピードで挑戦し続けているBrave groupは、めちゃくちゃタフな環境だと思います。

年齢や過去のキャリアは関係なく、タフな環境で努力を続けること。

その努力が積み重なることで、一人ひとりが覚醒し、それぞれのキャリアの中でもっとも成長して、さらに力をつけられると思っています。

一人ひとりの覚醒が会社の成長に繋がるのは当然ですが、Brave groupでの挑戦を通して、どこの会社で働いても、どこにいっても通用する力を身につけてほしいと思っています。

そのために、今後も変わらず挑戦と抜擢を続けます。
人事本部を中心に、カルチャー醸成や環境整備にも努めていきます。

我々経営チームは、素晴らしく優秀なメンバーが、

「Brave groupは面白い」
「Brave groupなら成長できる」
「Brave groupで上を目指したい」
「Brave group内で起業したい」

と思ってもらえるよう、全力でコミットします。

Brave groupでなら、大きな挑戦ができるし経営やバックオフィスなどのサポートも入る。

Brave stores や Brave global capital といった海外事業・プロジェクトも今年数ヶ月で立ち上がりました。

タフな挑戦を共にしてくれた仲間を、日本を代表する素晴らしい人材に育て上げることが、僕の使命です。

世界に、日本の冒険心を

今後の企業としての生存戦略はとにかく「世界への挑戦」だと思っています。

大手がやらないような事業・ものづくりを、圧倒的スピードで世界に届ける。

地道な努力と大胆な決断が必要な、非常にタフな挑戦にはなりますが、そんな勇敢な会社が日本に一社くらいあっても良いと思っています。

実家の鮨屋ではないですが、ＳＵＳＨＩが世界で通用する文化であるように、日本の文化や強みが活きた独自のＩＰ・サービスの可能性を心底信じていますし、世界中の人たちに届けたいと思っています。

最後に、パーパスに込めた想いを改めて再掲します。

「こんなもんじゃない」。その渇きは、正しい。
「まだここからだ」。その熱は、必ず届く。
この国には、まだたくさんのポテンシャルが眠っている。
必要なのは、新しいフィールド。
わたしたちBrave groupは、そのためにいる。
テクノロジー、非テクノロジーの、さまざまな領域で、まだ見ぬ舞台を。
人々の冒険心を、可能性を、呼び覚ます。

その先、もっとワクワクする日本へ。世界へ。
すべての社員が「事業家集団」として、それを実現する。
新たな一歩を、誰かが踏み出す勇気に、わたしたちはなっていく。
"Brave"という名のもとに。

謝辞

静かに暮らしていく人生を選ぶこともできたと思います。
家業を継ぐ選択肢もありました。

何者でもなかった自分が今の自分であることができるのは、これまでの人生の中で様々な人と出会い、その人たちから多大なる影響を受けたことに他なりません。

最後に、この書籍出版に対してご快諾いただいた方々、お世話になっている方々に改めて最大限のお礼を申し上げたいです。

本書に登場していただいた田中良和さん、荒木英士さん、福武英明さん、西木隆さん、小島梨揮さん、高橋飛翔さん、片山晃さんをはじめ、応援していただいているBrave groupの株主およびクライアント、パートナーのみなさん、親族、家族のみなさん、青春をともにした慶應の友人たち、起業のきっかけをくれた東京大学起業サークルTNKのみなさん、公私ともに刺激をいただいている起業家の仲間たち、応援しているエンジェル投資先のみなさん、そして苦楽をともにしているBrave groupの仲間たち。

みなさんのおかげで、今、そして未来の僕があります。

Brave groupの経営を通して、関わるすべての方々を幸せにできるように、これからもより一層努力を続けたいと思います。

二〇二四年十二月　野口 圭登

［著者］
野口圭登（Keito Noguchi）
株式会社Brave group 代表取締役CEO
2011年の大学在学中に株式会社Vapesを創業。
2016年に同社を株式会社ベネッセホールディングスへ事業譲渡、50社以上のスタートアップへのエンジェル投資、共同創業を経て、2020年に株式会社Brave group代表取締役CEOに就任（現任）。
https://bravegroup.co.jp

Team Brave「勇気の経営」——時代をつくる、事業家集団へ

2025年2月4日　第1刷発行

著　者——野口圭登
発行所——ダイヤモンド社
〒150-8409　東京都渋谷区神宮前6-12-17
https://www.diamond.co.jp/
電話／03･5778･7235（編集）　03･5778･7240（販売）
執筆協力——石田さやか
装丁・本文デザイン—鳥越浩太郎（ダイヤモンド・グラフィック社）
製作進行——ダイヤモンド・グラフィック社
印刷——新藤慶昌堂
製本——ブックアート
編集担当——中鉢比呂也

ISBN 978-4-478-11949-5